神道教師・名誉心理学博士
山田雅晴
Yamada Masaharu

決定版

神社開運法

最新・最強の開運法を集大成！

たま出版

はじめに――ピンチをチャンスに変える秘伝開運法をすべて公開する！

現在、日本は厳しい時代に入っています。不況、リストラ、倒産、家庭崩壊、環境の悪化、凶悪事件など問題は山積みになっています。まさしくピンチの時代です。

そこで本書では、たいへんな時代を生き抜くためのさまざまな古神道の秘伝・超開運法を公開しています。本書こそは長年の私の古神道家としての実践研究、また、天命カウンセラーとしての経験、さらに平成十年からの大いなる神秘体験を経て、超バージョンアップした〝神社と古神道の開運法の集大成の本〟といえましょう。

チルチル・ミチルの「幸福の青い鳥は家の中にいた」という童話ではないですが、幸福の青い鳥は自分の産まれたところ、自分のルーツにいます。私たち一人ひとりを最も守護している〝ふるさとの神社〟を、「産土神社《うぶすな》」といいます。

産土の「うぶ」とは、産湯や産声の〝うぶ〟です。そして、産土の大神とは、「自分が産まれた郷土そのものに宿り、守護する一生の守り神」という意味です。「うぶすな」の世界は自分のルーツ（原点）であり、「たましいのふるさと」になります。これが人生にヒーリング（癒し）をもたらすのです。

第1章では、開運の基本となる「日拝《にっぱい》」「うぶすな」の世界を、さまざまな体験談を交えて詳しく語っています。「日拝」「うぶすな」は古き良き智慧《ちえ》をもう一回見直して、現代的にとらえ直したものです。日本人が昔から行っていたものを再認識して、超開運法としてバージョンアップさせたものなのです。

第2章では「神社活用法なんでもQ＆A」として、結婚、受験、仕事、家庭円満など各種の神社活用法（お寺も含む）を、古神道の秘儀を踏まえて、質問形式で、わかりやすく答えています。これらの神社活用法は現代風にいいますと、私たちの人生の〝大いなるサポーター〟になります。

第3章では、私が四つの段階を踏んでバージョンアップした過程を詳しく述べています。

①三十代前半までの修行時代と初期の神秘体験
古神道やヨーガ、気功の修行時代で、古来の霊性開発法を「比較修行学」としてとらえ直しました。そして、現代的視座で「古神道気功」を編み出しました。また、先駆的な神秘体験が数回あり、それが平成十年以降の大いなる神秘体験につながりました。
②三十代中盤からの開運カウンセラー時代

古神道の秘伝開運法をメインにして、東洋運命学や成功哲学（潜在能力開発法）との融合をはかりました。同時に、日本古来の産土《うぶすな》信仰を再発見し、独自の開運法を編み出していきました。

③四十代前半の「空亡（天中殺）」「厄年」の天命カウンセラー時代

運勢が落ち込む「空亡（天中殺）」「厄年」が重なった三年間で、それを克服するために、改良と創意工夫によって、いままでの開運法をさらにレベルアップさせました。そして、開運法の各種応用法を次々と編み出しました。

④「本厄」の年の「大いなる神秘体験」以降の超バージョンアップの時代

平成十年の私の「本厄」の年から、大いなる神秘体験が連続的に起きて、多くの神仏のワケミタマになりました。「本厄」が本当に社会や神仏の役に立つ〝本役〟になりました。そして、自分の本体神（スーパー・ハイアー・セルフ）である「直霊《なおひ》の大神」と合体する超・神秘体験を経て、すべての内容が超バージョンアップしました。また、神仏との直接交流の中で、内なる神仏である「一霊四魂《いちれいしこん》」論の深化と、前世からの「うぶすな」の守護システムが解明されました。

私はこのような四つの段階の体験を経て、「人生の達人」になるさまざまなメソッドを開発しました。第4章では古神道の最奥義にして、ハイアー・セルフ顕現法である「自神拝《じしんぱい》」や「うぶすな」の守護システムをわかりやすく語っています。

そして、第5章では六種類の「二十一日」秘伝開運法、第6章では、空亡（天中殺）や厄年を乗り切る秘訣を開示しています。これらは特に前述の③④の時代に編み出したもので、皆さんがより良い人生にするための大いなる助けとなると確信しています。

さらに、付章では誰もが知りたい「神棚・仏壇・お墓の開運祭祀法と清め方」を公開しています。これは長年の神道・仏教の研究とカウンセリング経験、神仏との直接コンタクトを総合的に体系化したもので、本書で初公開しています。神棚・仏壇・お墓がきちんと祭祀されている家庭と、そうでない家庭では、家族全体の運が大きく違ってきます。それに、私たちは全員、いずれ死んで必ず〝先祖〟になります。将来の自分のためにも、知っておいた方が良いと思います。

さて、「運も実力のうち」といいます。実際、実力は同じくらいなのに、成功する人と失敗する人がいます。人生には成功か、失敗か、どっちに転んでもおかしくない状況があります。そんな時、後ろから良い方向に〝ポン〟と押してくださる存在がいます（これを総称して「おかげ様」といいます）。

混迷の時代に突入した現在、こういった守護・後押しは欠かせません。事故なども〝紙一重〟で助かる人がいるかと思えば、逆に事故に巻き込まれる人もいます。これらの状況で、〝神一重〟で何とかなる人間になるためには、大いなる守護の発動が必要です。

そういう「おかげ様」を、しっかりと自分の味方につけることが、運のいい人になる秘訣になります。現代風にいいますと、〝見えざる大いなるサポーター〟から、人生のバックアップをいっぱい受けることです。

人間の思いと行動で運を引き寄せるものを「人運」といいます。神仏からの加護、すなわち天祐（天の助け）のことを「天運」といいます。

本書では、「人運」と「天運」の両方を駆使した、さまざまな開運法を明示しています。家族のこと、仕事のこと、受験（勉強）、ヒーリング（癒し）に関することなど、ご自分の状況に応じて、本書で紹介している開運法を行ってください。なお、17ページに開運法の一覧を載せていますので、最初に開運法の概要をつかみ、自分の感性に合う方法や目的・用途に応じて活用してください。本書の開運法を実行し、運命を開き、生き甲斐のある人生にしていただければ幸いです。

著者識

第1章　バージョンアップ版「日拝」「うぶすな」で天地のパワーをいただく……27

第2章　神社活用法なんでもQ＆A……65

第3章　直霊の大神（スーパー・ハイアー・セルフ）との超・神秘体験と「神社のご開運」神業……99

本文イラスト＝山田雅晴／渡辺ユリカ／丸山葉子／いとう てん

本書で紹介している開運法一覧

本書は開運法の集大成の本ですから、さまざまな開運法を公開しています。より効果的に活用していただくために、まずここで、開運法の一覧を載せておきます。その時のご自分の願望や用途に応じて、この中から自分が行いたい開運法、感性に合った開運法を選んで行ってください（特に効果の高いものには◎をつけています）。また、いくつかの方法を組み合わせてもよいでしょう。それぞれの開運法については、本文でよりくわしく解説しています。

①願望・目的・用途・症状
②内容のポイント

〔神社・仏閣参拝法〕

◎産土《うぶすな》神社
①家族の幸福、結婚（縁結び）、出産、精神的悩み、病気平癒、死後の安心などすべての開運の基本
②自分が産まれたところの近くにあり、本人の一霊四魂（内なる神仏）に最も縁ある産土の大神がいます神社。産土の大神は一生の守り神であり、家族の霊的体質改善・基礎体力になります。産土の大神は誕生から、現世での守護のみならず、死んだ後のことまでも世話をしてくださる神です。自分に一

番縁のある担当神仏として、産土の大神は産子《うぶこ》を守護し、死後の霊魂を導く存在です。また、病気の場合、産土神社や鎮守神社への参拝と治療を併用すると、治療の効果がそれまでとは違ってきます。

◎父方・母方の産土神社

①自分の家族の守護のバックアップ
②「自分・父方・母方」の三位一体で、産土の大神は守護してくださいます。「自分・父方・母方」の産土神社のトライアングルで、大いなる守護をいただきましょう。

◎自宅の鎮守神社

①家族の守護、学業アップ、商売繁盛、仕事での人間関係改善
②自分が住んでいる近くの神社で、産土の大神との神縁で、鎮守の大神が現住所の家族を守護しています。産土神社とペアになります。

職場の鎮守神社

①業績アップ、職場の人間関係改善
②本人の職場の近くに鎮座し、本人を仕事面において守護する鎮守神社。仕事のことは、自宅の鎮守の大神さまと職場の鎮守の大神さまの両方にお参りした方がいいのです。また、自分の職場の鎮守神社とともに、社長の職場の鎮守神社に参拝・祈願するとよいでしょう。

鎮守神社ネットワーク

①取引先との調和、営業、トラブル解消
②自宅の鎮守神社と職場の鎮守神社、取引先の会社の鎮守神社に事前に参拝し、三社の大神たちの連携で、後押しをお願いします。

学校の鎮守神社

①学業アップ、受験
②学校の近くに鎮座し、本人の学業や学校生活を守護する鎮守神社です。親の鎮守神社と子どもの鎮守神社に参拝するとともに、受験の場合は、さらに「学校の鎮守神社」にも参拝するとよいでしょう。

◎**「二十一日」産土（鎮守）神社参拝法**

①就職、仕事の依頼、家庭の調和、〝幸運の女神〟の来訪の頻度を高める
②二十一日間連続して産土神社、または鎮守神社に参拝して、産土（鎮守）の大神さまに祈願する方法です。産土神社が遠い人は、鎮守神社で行います。禍い転じて福となし、〝幸運の女神〟の来訪の頻度を高める方法ですから、どんどん自ら行動を起こし、チャンスをものにしてください。

◎**「産土神社・菩提寺・お墓」三点セット参拝法**

①家庭の調和、縁談、守護先祖霊団の増加

②菩提寺とは先祖の墓を守る宗旨のお寺のことです。お彼岸やお盆の時、お墓には行っても産土神社に参拝しない人が多いのですが、神・仏・先祖の順で参拝すると効果があります。なお、産土神社・菩提寺・先祖のお墓は父方だけでなく、母方もとても大切です。

一の宮と総社参拝法

①その地域全域での守護、産土の大神・鎮守の大神のバックアップ
②一の宮は昔の国（武蔵国、大和国など）の最高位に位置する神社で、広大な地域を守護します。総社は旧国のすべての神々を祭っており、一の宮と陰陽ペアになっています。その地域で生活したり、仕事をする場合は、ごあいさつをしておくことです。一の宮と総社の参拝は各種の開運法と組み合わせると、開運法の効果がアップします。また、その地域の「総鎮守」に参拝し、総鎮守の大神のバックアップをお願いするとよいでしょう。

一の宮巡拝法

①日本全国に業績を伸ばす
②全国の一の宮の約百社を巡拝する方法です。全国トップ百社のバックアップを受ける開運法としてすぐれています。また、日本の国魂《くにたま》を祭る神社である生国魂神社（大阪市）、生島足島神社（長野県上田市）にもあわせて、参拝されるとよいでしょう。

総本宮開運法

①産土の大神、鎮守の大神のバックアップ、厄年や空亡を乗り切る

②神社の系統のトップの神社を総本宮といいます。自分の産土神社や鎮守神社の総本宮に参拝し、大神さまにごあいさつをして、バックアップしていただくと良いでしょう。

菩提寺の総本山参詣法

①自分の宗旨のご本尊のバックアップ、守護先祖霊団のパワーアップ

②自分の宗旨の菩提寺に参拝するのも大切なことです。総本宮と同じような意味で、「菩提寺の総本山」にも、参拝されるとよいでしょう。ご本尊が総本山の仏尊たちのバックアップを受けるので、ご先祖さまがたいへん喜ばれます。

守護神社ネットワーク

①業績アップ、守護の強化、営業エリアの拡大

②自分を守護してくださる神々のいます神社を「守護神社」といいます。それは、産土神社と同じ系統の神社が多く、本人の産土神社や鎮守神社を軸とした「守護神社ネットワーク」という光の守護エリアを活用すると良いのです。

〔自分でできる日常生活での行法・祈願〕

◎**太陽の大神の「日拝」**

①精神的悩み、心身の活性化、生命力アップ、自分の一霊四魂と守護の神仏のパワーアップ

②太陽を通して、その根本神である「太陽の大神」の御神威《ミイズ》、ご神徳をいただく方法です。自分の一霊四魂やオーラ、守護の神仏そのものを光輝かせ、パワーアップさせることができるすばらしい方法です。開運法はすべて、日拝行と組み合わせることで、相乗効果があります。

◎**「二十一日」日拝行**

①精神的落ち込み、ストレス解消、体調不良、病気の改善

②特に開運したい時には、連続して行うとよいでしょう。自分の〝おかげ様〟をパワーアップさせるのが開運の基本になりますから、自分の一霊四魂と身体(身神と仏尊)、おかげ様にしっかり太陽の大神さまの御神威・ご神徳をいただきましょう。

◎**自神拝《じしんぱい》(ハイアー・セルフ顕現法)**

①人間力をつける、霊性の向上、自分の運命を開く古神道の最奥義

②自神拝とは一霊四魂という内なる神仏をはっきりと自覚して、内在する力を飛躍的に高めるハイアー・セルフ顕現法です。行法としての自神拝を行う時は、神棚か鏡の前で行います。自神拝は自分の一霊

四魂に「和顔愛語」し、最高のよき言葉をかけるものです。

◎「うぶすな」の守護神仏祈願法

①日常の守護、人生の大いなる後押し、インスピレーションが湧く
②広義の「うぶすな」である御祖《みおや》の大神、直霊《なおひ》の大神、産土の大神、産土の守護仏《しゅごぶつ》、鎮守の大神は〝一霊四魂に深く関わるルーツの神仏〟であり、人間がメインで拝むべき身内の神仏です。「うぶすな」の神仏に心を向けることが、人生の基礎体力・体質改善になるとともに、死後の安心につながります。ルーツの神仏、守護霊、指導霊、守護先祖霊団などの「おかげ様」の〝守護の度合い〟を増やすコツは、仲良くすることです。

「二十一日」早朝四時起き祈願法

①祈願の効果アップ
②早朝の四時に起きて、守護の神仏に祈願をする方法です。神仏との交流は午前四時から五時までと、午後四時から五時までが交流しやすい時間帯です。その時に、自分の願い事を祈願します。早朝祈願法の場合は、「日拝」もいっしょに行うと良いでしょう。

「二十一日」一切感謝の行

①潜在意識の清め、精神的悩み、先祖の余徳とのアクセス、おかげ様の守護度アップ

②感謝とは天が与えてくれた最高の潜在意識浄化法です。精神的なことで悩んでいる人には特に有効な行です。また、「笑う門には福来たる」であり、心を開放するために、大きな声で笑うことです。

◎「二十一日」慎食行

①困難克服、受験、業績の改善、トラブル解消、願かけ

②二十一日間、一日一食を抜きます。一種の〝願かけ〟ですから、人生の節目のここ一番の時にやるとよいのです。慎食行は〝切り札〟です。受験や会社の危機とか、人生の分かれ目の時に使うことです。慎食行を行うと、天命に進むためのチャンスが訪れやすいのです。

◎「二十一日」前世・先祖のカルマを昇華する祈り

①前世や先祖のカルマのブロックをはずす、トラブル解消、先祖の余徳を受ける

②「前世・先祖のカルマを昇華する祈り」は、神社参拝法や早朝祈願法と組み合わせても結構です。この祈りは神仏と人間のムスビ直しであり、神仏や先祖との信頼の回復になります。水面下で大いに好転してきます。

地球の調和・人類の平和の祈り

①神仏の大いなる守護の発動

②「陰陽調和された地球、美しい大自然、地球人類の平和」は神仏の望むことですから、それを祈るこ

とで、大いなる守護をいただけます。私たちの中の一霊四魂が、地球や人類につながっています。人類の平和はその一員である〝自分から〟スタートしましょう。

〔人生全般〕

◎天命開運法

①守護神・守護仏の大いなる守護の発動、運命を超える

②天命への志ある者に大いなる守護が発動します。天命を歩む時、自分の内在の神仏（一霊四魂）が元気になり、縁ある守護の神仏の大いなる守護が発動します。人間が天命という光に向かうことが、その人の縁ある神仏のご開運になっていくのです。その第一歩が「大自然開運法」です。大自然を愛でる人を神仏は加護します。大自然を愛でる心、大自然に感動する心をもつことが開運法になります。

◎天命セカンドネーム法

①仏尊が守りやすくなる

②天命を歩みやすいセカンドネームをもつことです。天命を歩みやすい名前は、神仏の加護を受けやすい名前でもあります。良い名前は特に仏尊の加護を受けて、人生を好転させます。

◎産土信仰の普及法

①強運になる。天佑をいただき、守護の存在が驚異的に増加する

②産土信仰の普及は自分自身の天佑（天の助け）を後天的にいただく方法です。積極的に行うと、自分の守護の存在の数が飛躍的に増え、大きくパワーアップします。

なお、基本的な祈り詞や神言、真言は日頃から唱えるのに便利なように、コピーしやすい一ページ分、もしくは見開きにしています。コンビニなどで拡大コピーしてお使いください。

第1章

バージョンアップ版「日拝」「うぶすな」で天地のパワーをいただく

人間は大地に産まれ、大地に生き、大地に還る

人間は皆、大地に産まれ、大地に生き、大地に死んで大自然に還ります。東洋医学や食養の世界ではよく「身土不二《しんどふじ》」が大切だとされます。これはその土地で作られた食べ物が、そこで生きる人間には一番よいという意味の言葉ですが、一方で、食と医学は同じという意味で、「医食同源」ということもよくいわれます。

この身土不二の根源は「うぶすな」にありますし、医食同源は同時に、「神人同源」なのです。私たちは大地で生まれ、大地で死ぬわけですから、大地の神さまがとても大事なのです。

大自然に内在し、郷土そのものに充満する神霊を「産土《うぶすな》の大神」といいます。現住所は引っ越しをすると変わりますが、私たちが生まれたところは一生変わりません。したがって、産土神社は一生変わらないので、一生の守り神になります。「うぶすな」は開運の基礎体力であり、まずここを強化させる必要があります。

「うぶすな」の世界を木で例えますと、地上に出ている「幹」が私たち人間で、見えない地中の「根」は先祖になります。そして、根に栄養を与える「土」が産土になります。

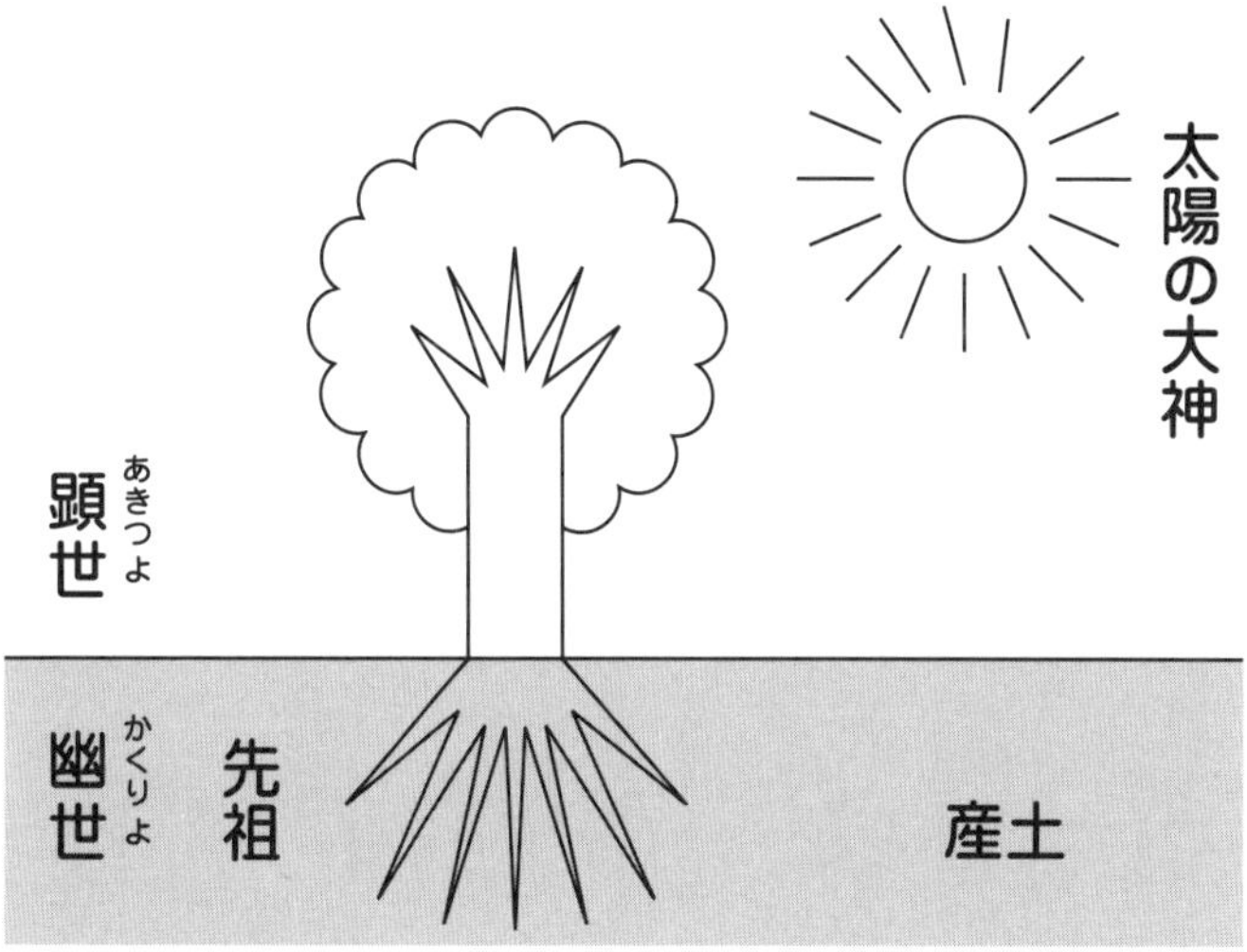

植物は太陽の光で、光合成を起こします。この太陽の根本神を「太陽の大神」といいます（後述）。天と地の恵みを受けてこそ、植物は育つわけです。

痩せた土地や砂漠では、植物はなかなか育ちません。しかし、栄養たっぷりの大地であれば、根はしっかりとはり、幹を通って、枝葉に栄養を行き渡らせます。枝葉や実が子どもであり、子孫になります。先祖は「うぶすな」の御力をいただけてこそ、元気になります。根を通して養分が運ばれて植物が生育するように、見えない部分によって私たちは生かされているのです。

現在、家庭崩壊をはじめ、人心の荒廃が進み、連日、信じられないような事件が報道されています。これは人間の心が、ちょうど「切り花」のようになっていて、大地からの養分を受けられずに、枯れてきたからです。

現代人は古来からのしきたりや信仰を捨てるという形で根っこを自分で切ってしまっておきながら、「私の人生をなんとかしてくれ」「開運させてくれ」と頼んでいるようなものです。根っこがないまま、実(人生の成果、開運)だけをならせてほしいといっても、しょせんはムリな話です。根っこがしっかりと大地にはりめぐらされた時にこそ、揺るぎない人生になるのですから。

大地にしっかりと根をはった生き方、つまり、安心した人生の基本は「うぶすな」にあります。「うぶすな」は身体でいうと、背骨にあたります。背骨をきちっとするということが何より大事なのです。

超難産が、産土の大神への祈りで奇跡的に無事出産できた

古来からのしきたりや信仰が廃れてきた現在であっても、赤ちゃんが生まれた時には、多くの人が初宮参りを行います。皆さんは初宮参りはどこに参拝されましたか。比較的近くにある有名な神社やお寺に行かれる方が多いのではないかと思います。

初宮参りも当然、赤ちゃん本人にとっての産土神社にお参りするのがよいのです。産土

の大神と産子《うぶこ》の関係は、文字通り子どもの出生に関連しています。江戸時代には初宮参りや一般の宮参りを「産土詣で」と称していました。

産土の「う」は産まれるの「う」であり、言霊《ことだま》的には「産む」働きをいいます。陣痛では「アー」ではなく「ウーン」といきんで、子どもが産まれます。産土の大神は人間の誕生にかかわっているのです。産土の力、すなわちムスビの力がなかったら、私たちはこの世に生まれていません。結婚しても、子どもができない夫婦もたくさんいます。子どもが生まれたのは、ムスビの力が働いたからです。そこに、思いをはせる必要があります。

ここで、助産婦をしているMさんの体験談を紹介しましょう。彼女が勤めている助産院で、胎児の首にヘソの緒が〝二重巻き〟になったまま出産を迎えた女性がいました。胎児はまさしく首つり状態で、このままでは母体も胎児もともに危険な状態でした。日頃から産土信仰をしていたMさんは、この時思わず、

「この子（胎児）の産土の大神さま、お母さんの産土の大神さまのいやますますのご開運をお祈り申し上げます。私もがんばりますので、この母子を助けてください！」

と一心に祈りながら、お産を助けていました。

すると、不思議なことに、胎児がお腹の中で急にグルリ、グルリと一人で回り出し、なんと二重になっていたヘソの緒が首から自然にほどけたのです。その結果、母子ともに無

事で出産ができたというのです。

その赤ちゃんは三番目の子どもで、上の二人の子どもから、出産を喜ばれていなかったそうです。上の姉妹は母親を赤ちゃんにとられると思っていたようです。そういう家族の思いや前世・先祖のカルマによって、首にヘソの緒が二重巻きになったのでしょう。

あまりに奇跡的な出来事だったので、Mさんから私に、

「山田先生からも、二人の産土の大神さまに御礼を申し上げていただけますか」

という依頼があり、そういうことならと、私も神前で御礼を申し上げました。

後日、父親や二人の娘もそれまでとは打って変わって、その赤ちゃんをとてもかわいがるようになったという報告を受け、私もホッとしました。まさしく「禍い転じて、福となす」になったわけです。産婦人科の医師や助産婦さんが産土信仰に理解があると、出産に関するさまざまな問題に光がさすように思います。

また、私が天命カウンセリングをした人で、次のような人がいました。

「一族で子どもに恵まれず、このままでは家系が絶えそうなのです。私の弟が一族で最年少なのですが、すでに四十半ばで、お嫁さんももうすぐ四十歳になります。何かいい方法はありませんか」

「出産には年齢的、肉体的要因もあり、なかなかむずかしいところです。産土の大神さま

は家族の守り神であり、特に結婚、出産には大きく後押しくださるので、とにかく産土神社に参拝し、御神札《ごしんさつ》を神棚に祭って祈ってみたらいかがですか」

私のアドバイスを受け、本人と弟さんは神棚に産土神社の御神札をお祭りし、神さまのご開運を祈り、赤ちゃんを授かるようにお祈りをしました。

数カ月後、連絡がありました。

「弟のお嫁さんが妊娠しました。本当に驚きました。ありがとうございました」

「そうですか、よかったですね。私も現実的には五分五分かなと思っていましたが、何よりでした」

その翌年、無事赤ちゃんが産まれました。この出来事は私に、「やはり産土の大神さまは産子の守り神だ」との意を強くさせました。

また、日本心霊科学の祖である浅野和三郎《わさぶろう》氏は子供に恵まれず、ある人から「産土神社に参拝するとよい」とアドバイスされました。そこで、実際に参拝してみたら、ほどなく子どもを授かりました。それをきっかけに、霊界研究の道に入ったといわれています。

生まれる前の時点ですでに、「うぶすな」の働きがあります。前世、現世、来世の部分まで見てくださるのが「うぶすな」の世界です。また産土の大神さまとともに、産土の守護仏さま（後述）もおられ、産土の世界の神仏が見てくださっているのです。

「おかげ様」は縁をムスビ（産霊）して開運する

万物を生産する働きを、神道ではムスビ（産霊）といいます。縁結びもムスビです。陰陽調和された時に、ムスビが起きます。ムスビは神道の一番大事な概念であり、すべてを「結んでいく」のが神道の考え方です。

産土の大神さまは、その土地のムスビの神さまです。結婚や家庭に関しては産土神社に参った方がいいのは、ムスビの働きをする神さまだからです。

私が天命カウンセリングをした中で、次のような実例があります。その女性の夫は彼女が私のところに相談に見える数カ月前に、愛人とともに行方不明になっていました。

「ご主人に戻ってきてもらいたいのですか」

「自分にも反省すべき点があったし、できたら戻ってきてもらいたいです」

「そうですか。では、今からあなたの産土神社を神道フーチでリサーチしましょう。産土の大神さまに後押ししてもらってください」

神道フーチとは、特製の振り子を使ってさまざまな事柄を調べるメソッドで、特に古神道的手法（神事）を駆使するので、私は「神道フーチ」と名付けています。彼女の産土神社は北海道にある神社でした。産土の大神へのご開運の祈り方を教え、参拝後もよくお祈りするように勧めました。するとそれから約三カ月後、彼女から電話がありました。

「おかげ様で、二週間前に主人が愛人と別れて、帰ってきました」

「本当ですか、それは良かったですね」

「先生から教えていただいて、その週の日曜日に産土さまに参拝してきました。そうしたら、なんだか気持ちが落ちつきました。それからは仕事でもラッキーなことが何度もあって、助かっています。ありがとうございました」

「あなたがすぐに北海道まで行って、産土神社に参拝したことで、神さまにその熱意が通じたのでしょう。何よりでした」

彼女の場合、私のカウンセリングを受けた後、すぐに行動を起こしたのがよい結果に結びつきました。カウンセリングの傾向として、すぐに行動を起こした人は〝おかげ〟をいただけるケースが多いのです。また、問題の原因を相手にだけ見ず、自分自身も反省したことも良かったのです。

昔から日本では、「先祖が草葉の蔭で見ている」という言い方がよくされますが、草葉の蔭から見ているのは先祖だけではありません。守護の神仏も見ています。それを「御蔭様《おかげ》」といいます。昔の日本人は、お天道さまやおかげ様を意識していたからこそ、悪いことに対するブレーキがかかったわけです。

天からお天道さまに見られ、地からは「おかげ様」に見られていると、あまり悪いことはやれません。だいたい悪いことをやる時は、人が見ていないと思ってやります。しかし本当は見ているのです。現代人はこの「うぶすな」の世界を忘れてしまったから、悪いことや非常識なことをする人が増えたのです。ですから、「うぶすな」の世界観を取り戻すことが、人の道そのままになっていきます。

自分の希望通りの結婚ができた

「おかげ様」は縁をムスビして開運します。縁といっても、「上・中・下」があります。結婚はまさしくムスビの世界です。結婚をするのも、上の縁、中の縁、下の縁があります。これから結婚をする人は、〝上の縁〟にしていきましょう。それには先の見える、ムスビの働きをつかさどる産土さまに、しっかりとお願いするといいのです。

私は「うぶすな」の普及も兼ねて、生涯学習のための「天命人間学の学校」（私塾）の中に、人生の達人育成クラスや天命カウンセラー養成クラスを開設しています。ここで、天命カウンセラー養成クラスを受講したYさん（女性）の報告を紹介しましょう。Yさんは

白山比咩神社（加賀国一の宮）

自分の友人、知人に積極的に産土さまの話をされています。

「私の友人で三十七歳独身OLのTさんの願いは、〝玉の輿〟結婚です。Tさんに産土神社のことを話すと、素直な彼女は早速お参りに行き、気合の入っている様子でした。それから一ヵ月後の中学校の同窓会で、意気投合した相手とお付き合いが始まりました。彼は地元の名家の次男でK大ボーイ、仕事もできて気取りのない、一緒にいてリラックスできる相手だといいます。

結婚が決まると、相手の両親が一戸建てを建ててくれることになり、彼らは現在、マンションで新婚生活を送っています。

実は、彼の実家はTさんの産土神社のすぐ近くだったのです。Tさんの思いに神さまが応えてくださったのでしょう。Tさんもそう感じて、感謝のお参りをしています」

もちろんこの話のように、産土神社に参拝すればみなが〝玉の輿結婚〟ができるわけではありません（笑）が、上縁の人と結婚できる可能性は高くなります。カウンセラーのYさん自身も、この後、天命をいっしょに歩むことのできる男性と電撃結婚し、現在は幸せな新婚生活を送っています。

このように、産土神社に参拝するようになってから、縁談が来て、トントン拍子に結婚できたという人も実際に多いのです。そして、縁談の相手がなんと、自分の産土神社の近くに住んでいたというケースが何件もあります。

商売をする人は特に、産土神社や鎮守神社に参った方がいいのです。生業はすべて、産土さまの体（大地）を使って、やっているのです。ですから、産土さまは縁結びの神であると同時に、商売繁盛の神にもなるわけです。

どういう会社に勤められるか、どういう上司のいる部署に配属されるかも縁です。いい上司にあたればいいのですが、変な上司だと部下は苦労します。

そういう面では、産土さまによいご縁をお願いするのと同時に、自分自身もムスビの思考をもって人と人とを結び、活かしていくと、さらによい縁へと発展していきます。

失語症の中学生が産土神社参拝で、声が出るようになる

天命カウンセラーの一人に、九州のNさん（男性）がいます。Nさんは不登校児や「引きこもり」などの教育問題の解決を天命としていますが、彼が相談を受けた女子中学生の話をしましょう。

彼女は学校での交友関係がきっかけで、朝の登校時に嘔吐するようになり、しばらくして声が出せなくなり、登校出来なくなりました。病院では、「自律神経失調症」と診断され、投薬治療をしているものの、回復の兆しが見えませんでした。そこでNさんのところに相談に来られたそうです。

本人の産土神社をNさんが神道フーチでリサーチすると、沖縄の神社でした。ちょうど彼女の父親が仕事の出張で沖縄にいましたので、その父親に産土神社に参拝してもらいました。母親には、両家の実家の産土神社と、現住所の守り神である鎮守神社にお参りして、神さまのご開運と彼女のことをお祈りしてもらいました。

すると、二週間ほど過ぎた朝、なんと突然彼女の声がでるようになったのです。両親はもちろんのこと、Nさんもさすがに驚き、私に連絡がありました。

次に、男子高校生の実例も紹介しましょう。二年生になって、仲の良い友だちと違うク

ラスになってから、手足のしびれや吐き気を訴え、学校も休みがちになって、外出しなくなりました。精神科の病院から薬をもらうものの、二週間くらいの間隔で定期的に暴れ、家族に暴力をふるうようになりました。

両親がNさんのところに相談に来られたので、両親と本人の産土神社をリサーチして、三社にお参りしてもらうようにしたそうです。毎日、両親でお参りするようにしたところ、それからは荒れがピタッと止まったとのことです。年末には、家族でテレビゲームをして大笑いするぐらいに仲良しになり、薬も飲まなくてすむようになりました。さらに、両親が何もいわないのに、本人が自分から神棚に祈るようになったそうです。

Nさんは私に、これらの体験談とともに、次のように話してくれました。

「山田先生から産土信仰の大切さを教えてもらって、カウンセリングで産土神社のことを相談者に説明していますが、こんなに劇的な結果が出るとは思っていませんでした」

「すごいね。とにかく産土信仰がすべての基礎になるから、今後も頑張ってください」

Nさんの話では、いままでNさんが産土信仰を話した相談者で、その通り産土信仰を実行した人は全員、何らかの〝おかげ〟をいただいているということです。

「うぶすな」はヒーリング（癒し）の〝後押し〟をする

私は、レイキをはじめとするヒーリングメソッドを自ら行っている人のカウンセリングもしています。興味深いのは、カウンセリングを受けたヒーラーの多くが、「ヒーリング効果があがりました」という感想を述べているということです。

なぜなら、「うぶすな」の神仏のバックアップをうけることで、ヒーリング効果があがるからです。その際、ヒーラー本人と患者さんの一霊四魂《いちれいしこん》（内なる神仏）のほか、産土の大神さまをはじめとしたルーツの神仏や守護霊さま、指導霊さま、先祖霊団に対して、ご開運を祈ることで、その〝おかげ様〟がたいへん喜ばれ、御力を貸してくださるというのです（後ほど祈り方を詳しく紹介します）。

私の天命カウンセラー養成クラスは、鍼灸師やヒーラー（治療家）も多く受講していま す。というのも病人は基本的に運勢が悪く、また、心の問題が病気と深く関わるので、治療の技術だけでなくカウンセリングの技術も必要になるからです。

天命カウンセラーの資格をもつヒーラーたちは、私に次のように話してくれます。

「患者さんの産土神社をリサーチしてあげて、産土神社や鎮守神社へ参拝してもらい、その上で治療をすると、それまでとは治療の効果が違ってきました。ありがたいことです」

「うぶすな」という〝開運のツボ〟を押さえることで、〝ヒーリングのツボ〟にも効果があがるというわけです。

また、病気になった時、どの病院のどの医師、どの治療家にあたるかで、病気の回復具合が大きく違ってきます。最近の医療事故の多さを考えると、「上・中・下」のどの病院・医師・治療家に縁ができるかは、患者さんにとってはたいへん重要になってきています。実際、「下」の医師に当たると、たいへん怖いものがあります。

「うぶすな」は、人と人との縁をもって開運する世界ですから、ふだんから「うぶすな」の存在と仲良くしていることが、よい病院や医師、治療家にあたるコツにもなります。このように縁の世界で〝上の縁〟となってきた時に、人生が開運していくのです。

もちろん、ただ産土神社に参拝しさえすれば何もかもすべてが解決するというわけではありません。しかしまず、ここを押さえることが、家族の幸福、開運の基本になり、家族の霊的体質改善になります。東洋医学のようにジワジワと効いてくるのです。まず、「うぶすな」という基礎を押さえた上で、他のさまざまな開運法やヒーリングを行っていくのがよいのです。

「うぶすな」は千三百年以上前の文献にも登場する

「うぶすな」が最初に文献に出てくるのは、『日本書紀』巻二十二の推古天皇三十二年十月（六二四年）の項です。

「天皇《すめらみこと》に奏《まう》さしめて曰《まう》さく。葛城県《かづらぎのあがた》は元臣《もとやつかれ》が本居《うぶすな》なり。故に其の県に因りて姓名《かばね》を為せり。ここをもって願わくは、常《ときは》に其の県をたまわりて、臣が封県《よさせるあがた》とせむと欲《ねが》う」

本居と書いて「うぶすな」と訓《よ》ませています。本居とは本の場所、ルーツという意味です。葛城の県とは、奈良県の葛城郡のことです。つまり、この文意は、〝そこが自分の本居（産土）で、その県によって自分は姓名がなりました。私の産土の地なので、ぜひそこに自分の土地をください〟と天皇に頼んでいるわけです。

これが「うぶすな」が文献に登場した最初です。天皇に奏上しているということは、「うぶすな」がその時代にはすでに一般用語だったということを示します。

本居という字を使った人で有名なのは、『古事記伝』を書いた本居宣長《もとおりのりなが》です。彼の提唱した国学が、幕末の神道ムーブメントのさきがけになりました。

また、推古天皇の時に現れた超有名人といえば、聖徳太子です。聖徳太子が摂政になり、仏教を日本に正式に取り入れました。聖徳太子は「和をもって貴しとなす」で始まる十七条の憲法を作りました。仏教を国の礎にした推古天皇の時に、「うぶすな」という記述が出ているることに、私は興味深い陰陽の暗示を感じてしまいます。
「和をもって貴しとなす」の和とは、みんな同じにすることではなくて、一人ひとりが違っていながら、その個性を活かして調和していくことです。つまり、神さまも仏さまも両方とも大事なのです。

さて、皆さんの中には産土さまという呼び方はあまり聞き慣れないという方もおられることでしょう。通常は「氏神さま」といっている人が多いでしょう。しかし、「氏神さま」というのは本来、それぞれの氏族の守り神であり、大地とは直接的な関係がないのです。

産土信仰は時代を経るにしたがって、本来の意味が忘れられていき、氏神、鎮守さまとほとんど同一視されるようになっていきます。平安末期より、産土の神に通じる「産神《うぶがみ》」という名前も使われるようになっていきます（参考・『神道辞典』堀書店）。室町時代には産神、氏神ともに「うぶすな」と呼んでいました。同様に、一般的な「氏子」という呼び方も、本来は「産子《うぶこ》」と呼ぶ方が正確なのです。

ところが、明治維新後に氏子制度が整備されたこともあって、公的には産土の神ではなく、「氏神さま」が一般化していきます。つまり、氏神が通称になったのは、明治以降なのです。

今は、産土さまも鎮守さまも氏神さまも全部混同して、まとめて「氏神さま」と呼んでいるので、産土さまのことがますますわからなくなってしまっています。

日本人の基本的信仰にはまず、「うぶすな」があったということです。ムスビの神として産土の神さまを祭ったのは、古代人の智慧であり、彼らには直観があったのです。産土信仰はもともと、日本人にとって当たり前のことでした。その当たり前のことを忘れてしまったから、現在の日本は当たり前の日本ではなくなっているのです。

この産土信仰では、「あなたはこの神社」「あなたはあの神社」というように、個々に拝む対象が違います。お祈りをする時も、「わが産土の大神さま」といいます。すべて〝オンリー・ワン〟の世界であり、自分の担当の守護神だからこそ開運の切り札にもなります。これを「一人一神道」といいます。そういう意味では、家族一人一人の産土神社を押さえることが家内安全、家庭円満のコツになります。

二十一日間産土神社参拝法で、家出の息子が見つかる

ここで、産土神社による開運法をご紹介しましょう。「二十一日産土神社参拝法」といい、自分の産土神社に連続二十一日間参拝して、祈願する方法です（第5章で、詳述します）。

これは誰にでもできる開運法であり、「希望のところに就職できた」「仕事の依頼が増えた」などの実例も多いのですが、その中で興味深いものを紹介してみます。

神仏は〝よい偶然の一致〟や〝運が良かった〟という形で、人間を導きます。それは、岐阜の女性の相談で、内容は二十数歳の息子が家出したことについてでした。その息子さんはフリーターをしていて、三月のはじめ頃に飛び出していったのだそうです。

「無事かどうか、知りたいのです。また、自分たちはどうしたらいいのでしょうか」

話を聞くと、家族がバラバラで、となりの家に舅、姑さんが住んでいるのですが、一カ月に一度くらいしか話をしないといいます。姑さんはお嫁さん（相談者）のことを嫌っていました。姑の肩をもっている夫に対しても、いたたまれない思いをずっとしてきたようです。そんな家庭では、息子もグレてしまうでしょう。ちょっとした親との口論がきっかけで、飛び出してしまったのです。

最初は夫も「放っとけ」といっていたのですが、二週間も帰ってこないと、さすがに心配になって、警察に捜索願いを出しました。

私はまず、神道フーチと神道易で、現在の状態を調べました。すると、息子さんは無事なのですが、少し危険な状態でもあると出ました。私は、

「今のところは無事ですが、長引くと危ないですね」

と答えました。実際に、その息子さんは家出した時に、お金もあまり持っていなかったそうです。

「岐阜県内にいるが、長野に行っている可能性もあります」

「帰ってくるかどうか」を調べたら、「長引きそうだが、便りはある」と出ました。

さらに、産土神社と鎮守神社をリサーチしました。近くの日枝神社は母親本人の鎮守神社(現住所の守護神)であると同時に、そこで生まれた息子さんにとっては産土神社でした。

「日頃、その日枝神社には参拝していますか」

「いえ、ほとんど行ってないです」

「早速、息子さんの産土神社にお参りして、状況を詳しく神さまに説明し、よくよく頼んでください。あなたの鎮守神社でもありますから、大きく後押しいただくことです」

「わかりました」

「ただ息子さんが無事に戻ってきますようにと頼むだけではなくて、家族の絆についてもよく反省してください。原因は家族の絆がバラバラだったことにあります。みんなで仲良くするように努力しないと、今回見つかったとしても、また同じようなパターンになりますよ。産土の大神さまのご開運をお祈りした後に、〝家族で仲良くするように努力いたします。自分たちも一生懸命さがしますから、息子が無事に帰ってきますように、後押ししてください〟と祈願してください」

八日くらいたってからでしょうか、その母親から、「見つかった」という知らせがありました。岐阜のとある温泉地にいたそうです。

ある人から、「G温泉にいるらしい」という風の便りがありました。そこで、とにかく行ってみようということで、夫婦で行ってみたところ、なんと息子さんにバッタリ会ったというのです。その温泉地は広いですから、バッタリ会える可能性など本当に少ないのです。とても幸運だったといいます。そして、息子さんをそのまま連れて帰ったそうです。

息子さん本人に聞いてみたら、最初は長野に行ったらしいのです。それから岐阜に戻ってきたのですが、家出した手前、自分からは帰りづらいので、G温泉でブラブラしていたといいます。

私は母親にこう話しました。

「まさしく紙一重ならぬ〝神一重〟ですよ。本当に、よく会えましたね。でも、今からが大事ですよ。息子さんの産土の大神さまやあなたの鎮守の大神さまのおかげをいただいたのだから、これからは産土さまや鎮守さまを大事にして、家族の絆を結びなおしてください。これをきっかけにして、ピンチをチャンスに、過い転じて福となすことです」

家出から、悪の道に陥るパターンが多い中、早期に解決したのはとてもラッキーでした。

産土さまの働きによって、通常よりも早く解決したよい事例です。

産土の大神は〝生と死〟を司るから、この世のことも守護する

産土の大神は幽顕《ゆうけん》をともに司る大神さまです。幽顕の幽とはあの世、顕はこの世です。表に顕れている世界を顕世《あきつよ》といいます。幽世《かくりよ》があってこそ、現世（顕世）があります。幽世が根や土の世界だと認識してください。

産土の大神は現世での守護のみならず、死んだ後のことまで世話をしてくださる神さまなのです。どうしてかというと、自分に一番縁のある担当神仏だからです。すなわち、産土の大神は産子を守護し、死後の霊魂を導く存在なのです。

子孫のことを神道では「子孫《うみのこ》」といいます。これも「うぶすな」に関連した言葉です。「産土・先祖・自分・子孫」という形で、木になる実が子どもや子孫になります。実が大地にポットンと落ちて、種から芽を出すわけです。

誕生する時から産土さまとの縁ができるのではなくて、誕生する前から、あの世にいる時から、産土さまとの縁はずっとあります。そして、死んでからも面倒を見てくださるわけで、生死を超えてトータルで見てくださるのが産土の世界なのです。

実際に、産土さまをはじめ守護の神仏は、死後の審判をする存在ではなく、助ける一方なのです。悪いことをやって死んだ人に対しても、産土の神仏の方では「助けてあげたい」と思って手をさしのべてくださるのですが、産土の大神さまは光の存在なので、人間の方で光を嫌がって、勝手に暗い世界へ落ちていくのです。

ですから、皆さんは「大好きなわが守護の神仏」という言葉を口グセにしてください。何かあったら、「大好きなわが守護の神仏！」、電話をかける時も、「大好きなわが守護の神仏」と一発念じてから電話をするなどの方法で、習慣にすることです。

南無阿弥陀仏や南無妙法蓮華経と同じパターンで、ことあるごとに「大好きなわが守護の神仏」を口にすることを習慣化していると、死んでからもつい「大好きなわが守護の神仏！」といってしまいます。すると、産土さまをはじめとした守護の神仏が、「よし、よし」と助けに来てくださるのです。

「自分・父方・母方」の三位一体で、産土の大神は守護する

「うぶすな」はルーツ主義ですから、当然、自分の父方・母方両方の産土の大神も守護してくださいます。そうして、「自分・父方・母方」のトライアングルになっていきます。

私の天命カウンセリングでは、その人の産土神社だけでなく、お父さんやお母さんの産土神社もリサーチしています。皆さんも守護神の数は多い方がよいでしょう。

先日も、私の天命カウンセリングを受けた人から、こんな連絡がありました。

「天命カウンセリングの翌日、産土神社へ参拝しました。実は先生の『超カンタン神社ヒーリング』（たま出版）を読んだ後、実家の近くの神社へ行ってみたのですが、ピンときませんでした。でも、カウンセリングで教えていただいた産土さまに行くと、本当になつかしい気持ちになりました」

「そうでしょう。産土神社に参拝すると、なつかしい感じを受ける人が多いのです」

「それから、両親の産土神社へも行ってみました。それぞれの神社が、三人のもつ雰囲気になんとなく似ていました。おもしろいものですね」

人間にも個性があるように、産土神社や神々にも個性があります。また、本人が父方と母方のどちらに霊的に縁が深いかも、産土神社の系統である程度わかります。

さらに、産土神社をリサーチして教えますと、多くの方がその神社なら身に覚えがあるといいます。それは神仏が波動を送っているのを、何となくキャッチしているのです。

たとえば、

「産土神社のとなりの高校に通っていました」

「いつもその神社が気になっていました。あの神社が産土さまだったんですね」

「仕事で通う途中、なんとなく気になっていつも参拝していた神社が、父の産土さまだったなんてびっくりです」

「学生時代、その神社で巫女さんのアルバイトをしていました」

「産土神社は自分の菩提寺（先祖代々の墓のあるお寺）のとなりの神社でした」

「いままで私が難しい局面に立たされた時、助けてくれた人の会社は、親の産土神社のそばにありました」

　人間の方では知らなくても、神仏は見守り、守護してくださっているのです。会社ぐるみでカウンセリングをすると、それぞれの産土神社や鎮守神社の系統が重なってくる場合も多いのです。たとえば、ある人の産土神社が八幡神社だとすると、仲の良い人の鎮守神社も八幡神社だったり、ご祭神が同じ神さまだったりと、不思議な縁が数珠つなぎになり、社員同士で話が盛り上がったということもありました。

　このような時、私は次のように話しています。

「わかったでしょう。人間はお釈迦さまの手の平の上の孫悟空みたいなものなんですよ。自分で勝手にやっているようで、絶えず、神仏の加護の中にあるのです。だから、最初からお釈迦さまの手の平に乗っかった方が安心なのです。今後はきちんと心を向けて、しっかり守っていただくことです。いままでは開運の切り札をポケットにしまったままで、駆使していなかったわけですから、今後はしっかり自覚して駆使することです」

産土の大神との神縁で、「鎮守の大神」が現住所の家族を守護する

生まれたところは産土の大神さま、今住んでいるところは「鎮守の大神さま」が担当します。実は、産土の大神との神縁で、鎮守の大神が現住所の家族を守護しているのです。

鎮守の大神さまには、「自宅の鎮守の大神さま」と「職場の鎮守の大神さま」がいます。仕事をしている人は、職場の鎮守神社にも参ることとです。仕事のことは、自宅の鎮守の大神さまと職場の鎮守の大神さまの両方にお参りした方がいいのです。その場所に住まわせてもらって、生計を立てているわけですから、当然、そこの神さまにごあいさつをして、助けていただくのがスジです。天地自然の道理です。

初詣で、自分の産土さまや鎮守さまにはお参りしないで、大きい神社や有名なお寺に行く方が多いようですが、それでは順序が違います。料理と同じで、調理の手順を間違えれば美味しい料理にはなりません。私が小学校の時に、初めてインスタントラーメンを作った時のことです。初めてなのでよくわからず、水に麺を入れてしまいました。できあがっ

たラーメンは、一応は食べられたのだけど、伸びきってまずくなっていました。順序が一つ違うと、食えないことはないけれどうまくはなくなります。要するに、物事には順序があり、優先順位があるということです。

「うぶすな」は、私たちが祈るべき最優先の存在です。なぜなら、「うぶすな」の世界というのは自分に最も縁があり、最初から自分を担当している〝身内の神仏〟であり、「護《まも》ってあげたい」とむこうがはっきり思っているからです。まずは産土神社や地元の鎮守神社に参拝した後に、他のところというのがスジです。プラスαで、他の神社の神さまに頼むのならいいけれど、担当神仏を抜きにしたのでは、〝おかげ〟をいただきづらくなってしまいます。

同時に、大自然そのものに神宿るというのが、神道の思想です。〝大自然そのもの〟が神霊なのです。大自然に宿った神霊をきちんと拝もうということで、古代の人は社《やしろ》を建てました。

神社でお祈りをする時は、本殿に意識を向けて、通じるように祈ることが大事です。また、お山(神体山)がある場合はそこに神さまがいらっしゃることも多いので、そこも含めて拝むことです。

産土神社には本殿をはじめ、摂社、末社にもいろいろなご祭神がいらっしゃいます。産土の大神さまはご祭神のうちのどなたかかもしれないし、ご祭神として明記されていないが、太古より鎮まっている神霊の場合もあります。したがって、「わが産土の大神さま」と祈ると、間違いなく通じます。神さまも、「わが産土の大神と呼んでほしい」とおっしゃっています。自分の担当の神である「わが産土の大神さま」をメインにして、産土神社に祭られている他の神々も守護神になってくださいます。

「うぶすな」は大自然の〝生命の基本単位〟です。これは、産土の大神さまだけを大事にするのではなくて、郷土そのものの神霊ですから、自分のふるさととその大自然を大切にすることです。自分の生まれたルーツを大事にすることを、「うぶすな思考」と私は呼んでいます。

太陽の大神の「日拝」で、自分と守護の神仏をパワーアップさせる

「産土」が大地の霊性であるのに対して、「日拝」は天のエネルギーをいただく方法です。天と地の恵みを受けることが開運の原動力になります。

昔の人は、日の出には一日の安全と加護を、夕日には一日の無事と感謝の気持ちを込めて、パンパンと拍手して素朴に拝んできました。日拝を勧めた人物で有名なのが、幕末の

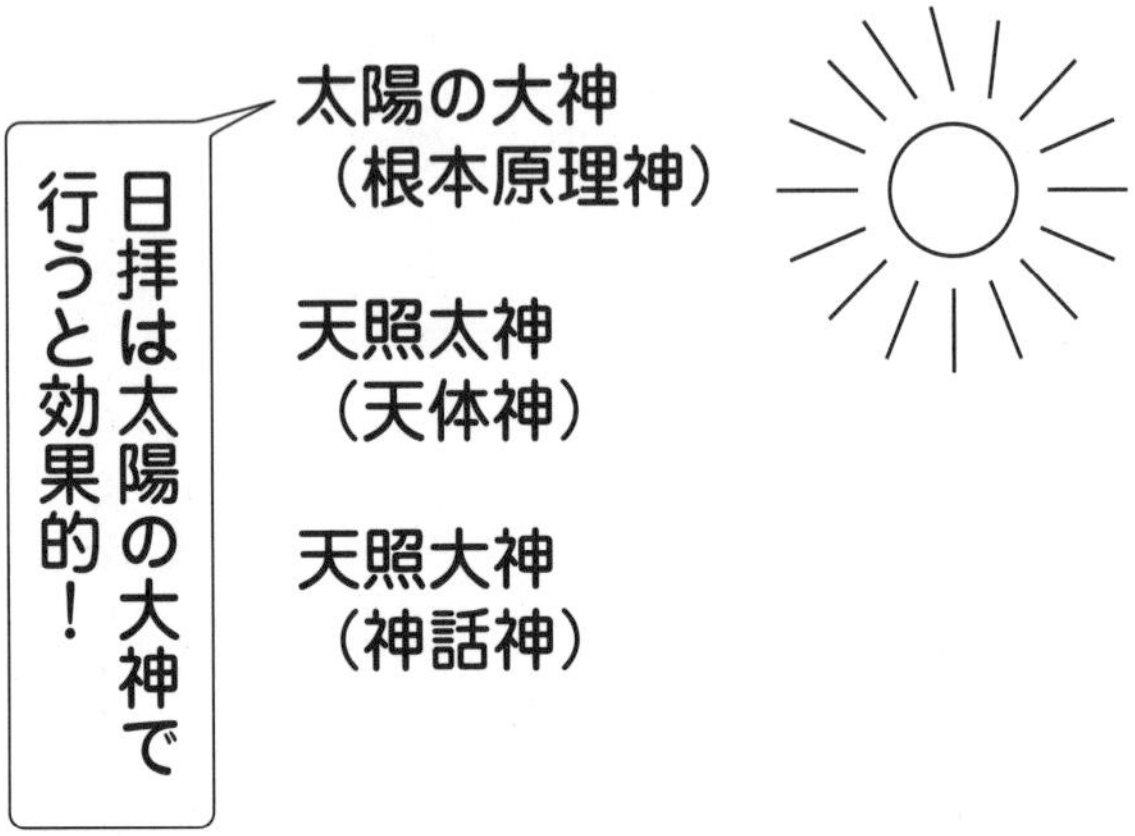

神道家で不世出の神人といわれた黒住宗忠《くろずみむねただ》です。

また、第5章に登場する〝天下一の観相師〟と讃えられた水野南北も、「平旦《へいたん》日拝の法」を勧めています。平旦とは〝日の出〟のことです。

「日々平旦（日の出）にむかひて日拝をなす時は、仙法にかなふが故に自ずから寿なり。故に返す返すも日々平旦に向かひ日拝をなすべし」

「数人病身短命の者に平旦の日拝を行はし、是をためし見るに無病と成って長命に変ず」

（『近代日本霊異実録』笠井鎮夫著・山雅房）

植物は光合成と、大地からの養分で成長します。人間を植物にたとえると、「産土」が大地からの養分にあたり、「日拝」が光合成にあたり、幹が自分の一霊四魂になります。それで「天・地・人」になります。

大自然はすべて陰陽で成り立っています。天と地、太陽と月、動物と植物、右と左、剛と柔、前と後、表と裏、さらに男性と女性、東洋と西洋などすべてが陰陽関係になっています。目に見えない世界も、神と仏になっています。日本人は、人間を守護してくださる「陽」の存在を〝神〟と呼び、「陰」の存在を〝仏〟と呼びました。そして、「陰陽調和した存在を「太一《たいつ》」といいます。

「陽」の根本神を「太陽の大神」といい、「陰」の根本神を「太陰《たいいん》の大神」といいます。そして、陰陽調和された存在を「太一の大神」といいます。

地球上の生命はみな太陽によって生かされています。その太陽の奥の根本神を「太陽の大神」と申し上げます。

日本神話の中には日の神である天照大御神がいらっしゃいますが、以前、私は太陽神である天照大御神の日拝を勧めていました。「日拝」はケガレを祓い、生命力を増強させます。

近年、日拝に対する認識がさらに深まり、「太陽の大神の日拝」というバージョンを編み出しました。日拝は日の出が最も効果が高いのですが、現代人はなかなかできないので、日の出でなくても十分効果がある方法を指導しています。これは太陽を通して、その根本神である「太陽の大神」の御神威《みいづ》、ご神徳をいただく方法です。

この日拝は単に自分のケガレを祓うだけでなく、自分の一霊四魂やオーラ、守護の神仏そのものを光輝かせ、パワーアップさせることができるというすばらしい方法です。

神仏自身も「太陽の大神」の御力によって、元気が出ます。これは根本神ならではの御力です。つまり、人間だけでなく、自分を守っている神仏もいっしょに元気にするのが、バージョンアップした「太陽の大神の日拝」なのです。

ふだんから、日拝を習慣にしましょう。毎日、日拝することで、病気が改善した人もいます。ノイローゼやうつ病など心の病は、心が曇って暗雲がたちこめている、つまり、心がケガレてしまっている状態です。性格が暗いと悩んでいる人に、特に「日拝行」は有効です。

「何はともあれ、まずは日拝」

これが私の口グセです。ケガレとは気枯れであり、太陽の大神の御神威、ご神徳をいっぱいいただくと、体に活力が満ちてきます。すると、心がきれいになり、自分の顔も輝いてくるのです。

太陽の大神さまの「日拝」の実践法

正式な日拝の方法をご紹介しますが、一言一句同じようにいわないといけないわけではありません。このような趣旨でやればよいと理解して、行ってください。

太陽の大神さまの日拝

①太陽に向かって、神社の参拝の時のように二拝二拍手一拝をします。

②ごあいさつをします。

「宇宙の大いなる意志、大調和に基づく天命もちて、とってもありがたい太陽の大神さま、太陰の大神さま、太一《たいっ》の大神さまのいやますますのご開運をお祈り申し上げますとってもありがたい太陽の大神さま、御神《みい》威《づ》・ご神徳をいっぱいいただきたく、よろしくお願い申し上げます」

③両手を拡げて、一霊四魂とノド、額、下丹《しもたん》田《でん》、掌《てのひら》（労宮《ろうきゅう》）に、そして身体の身神と仏尊に、さらに背景（守護霊、指導霊、先祖霊団、守護の神仏）とともに御神威・ご神徳をいっぱいいただきます。指はドッジボー

ルをつかむような感じで太陽に向けます。単に太陽光線を浴びるというよりも、太陽の大神のご神徳を身体全部、自分の周囲にも取り入れるというイメージで行うと効果が倍増します。

目線は、日の出の場合は太陽を見ます。それ以外の時はまぶしくて、目を傷めることがありますので、やや下方を見ます。

④次のように心で念じます。

「わが一霊四魂と体をつかさどる身神《しんしん》・仏尊《ぶっそん》、そして、わが守護霊さま、わが指導霊さま、わがご先祖さま、わが守護の神仏をはじめ、われに縁《えにし》あるご存在、ごいっしょに太陽の大神さまの御神威《みいづ》・ご神徳をいっぱいいただきましょう」

「御神威・ご神徳が流れ入る、流れ入る、流れ入る。ああ、ありがたし、ありがたし、ありがたし」

⑤後ろを向いて、亀の甲羅乾《こうらぼ》しの要領で、荒魂《あらみたま》、首、腎臓、掌（労宮）、背骨、身体の身神と仏尊、背景に、御神威・ご神徳をいただきます。

「ああ、うれしい。ああ、楽しい。ああ、面白い。ああ、ありがたし、ありがたし、ありがたし」と心で念じます。

⑥二拝二拍手一拝をします。

太陽の大神さまの御神威・ご神徳を“おがけ様”とともにいただく

「とってもありがたい太陽の大神さま、御神威・ご神徳をいっぱいいただきまして、まことにありがとうございました。

宇宙の大いなる意志、大調和に基づく天命もちて、とってもありがたい太陽の大神さま、太陰の大神さま、太一の大神さまのいやますますのご活躍をお祈り申し上げます」

バージョンアップ版「日拝」の留意ポイント

一つひとつポイントを説明しましょう。
○感謝の心で、自分の一霊四魂、特に胸にある直霊《なおひ》・幸魂《さきみたま》、背中にある荒魂《あらみたま》を中心に、御《み》稜威《いづ》・ご神徳をいっぱいいただきます。呼吸はゆっくりとして、太陽にゆだねきった感じにします。
○ノドは前世や先祖のカルマがたまる場所です。ヨーガではヴィシュダチャクラというチャクラのある場所です。開運のまさしく〝ネック〟になっていますので、しっかりとご神徳をいただき、水が太陽の光によって水蒸気になるように、カルマを蒸発させるような感じで昇華させます。
○額には奇魂《くしみたま》とアジナチャクラ（チャクラのコントロールセンター）があります。自分の頭のストレスが蒸発するような感じでしっかりいただきます。
○ヘソの数センチ下に臍下丹田《せいかたんでん》という生体の元気の場があります。また、そこは和魂《にぎみたま》があります。ご神徳によって和魂が元気になり、臍下丹田に気が満ちるような気持ちで行ってください。ご陽気が満ちて、下腹が少しふくれるような感じになるのが理想です。

○手のひらには労宮《ろうきゅう》というツボがあります。この労宮から全身にご神徳をいただくイメージで、手を太陽に向けます。

○腎臓は五臓六腑の中で、最も大切な臓器です。そのために「肝腎カナメ」という言い方があるのです。腎臓は排泄機能のカナメであり、腎臓が衰えてくると、病気になりやすくなります。東洋医学では「先天の気」が宿る所とされます。ここにもしっかりといただきます。

○クビは喉と同じく、カルマの昇華のために行います。また、ストレスによる肩こり、首の疲れも、「日拝」によってほぐします。リラックスするため、首や肩を時々ゆっくりまわして身体のすみずみにまで行き渡らせるようにするとよいでしょう。

○女性なら、婦人科系の場所もいっしょに「日拝」するとよいでしょう。ムーラダーラチャクラ（肛門と生殖器の間）にもご神徳をいっぱいいただいてください。

○守護の神仏、先祖霊団、守護霊、指導霊といった「背景」もいっしょにいただきます。

「わが守護霊さま、わが指導霊さま、わがご先祖さま、わが守護の神仏、縁ある諸神・諸仏・ご存在ともども、ごいっしょに太陽の大神さまから御神威、ご神徳をいただきましょう」

「わが一霊四魂とおかげ様ともども元気になる」

人間が祈ることで、背景、守護の神仏たちもいっしょに太陽の大神さまから御神威、ご神徳をいただけるのです。

このように書くと、むずかしい感じを受ける人もいるでしょうが、要は「全身とおかげ様にいっぱいいいただこう」という気持ちでやればよいのです。特に背中の方は多めにいただくとよいでしょう。ちなみに東洋医学では、背中が「陽」になります。

ふだんの生活でも、電車やバスを待っている時など、太陽に手の平を向けて、太陽の大神さまから御神威、ご神徳をいただくようにしましょう。

この「日拝」と「産土」で、運命は好転していきます。後の章では、これを踏まえて、さらなる開運のための方法を公開します。

第2章

神社活用法
なんでもQ&A

Q．神社には拝殿、本殿、摂社、末社などがありますが、それぞれどんな神さまを祭っているのですか。また、しめ縄や鏡など神社独特のものにはどんな意味がありますか。

A．神社の形態を一言でいいますと、大自然のミニチュア版です。神さまは神社にだけいると思っている人もいますが、実は山や川、湖、海などの大自然そのものに神霊が宿っているのです。「大自然すなわち神」です。

私は平成十年の大いなる神秘体験以降、さまざまな偉大な神仏の御力を駆使できるようになりました。平成十一年より、皆さんが天命を歩むことができるように、「神仏のご開運」と「前世・先祖のカルマの昇華」のための特別セッションを行っています。

その中で、長野県の諏訪出身の人に対して特別セッションを行いました。産土神社は信濃国一の宮・諏訪大社だったのですが、実際に産土の大神さまにご来臨いただき、お聞きしたら、産土の大神さまは諏訪湖にいらっしゃいました。

「私は諏訪湖にいます。神社としては諏訪大社だが、諏訪大社とともに諏訪湖を拝んでほしい」

この場合のように神社はいわば神さまの出張所のような感じで、ご本体はその後ろのお山とか、川、湖にいらっしゃることも多いのです。

その大いなる存在を人間が拝むための受付、中継地点が神社になります。つまり、人間が波調を合わせやすい場所として、神社を建てたわけです。縄文時代以前より、古代人は山とか川、湖、海、風、火、空、すべてを神として拝んでいました。大自然を神として拝むのは日本人だけではなくて、人類すべてに共通しています。

大自然そのものが神さまですから、そのために神社も大自然に則った形態になっているわけです。まず、本殿の中に神鏡という〝太陽〟があります。そして、しめ縄は雲を、神垂（シデ）は雷をあらわします。鎮守の森、ご神木、神池、御手洗なども大自然そのものをあらわしています。

そのことを認識した上で、神社の各社の説明をいたしましょう。

拝殿――人間が本殿の神々を拝むための社殿

本殿――拝殿の奥に建立されている主祭神のいます社殿

別宮――主祭神と同格の神が祭られている

摂社――主祭神に準じる神、主祭神に近い神々（家族）が祭られている

末社――主祭神や地域に縁のある神々が祭られている

奥宮――神が本来おられる聖地に鎮座する

大和国一の宮の大神《おおみわ》神社（奈良県）は三輪山というピラミッド型の山をご神体としています。大神神社は拝殿しかなく、本殿は山そのものになっています。三輪山の山中には、奥《おき》津磐境《ついわさか》・中津磐境・辺《へ》津《つ》磐境の巨石祭祀遺構もあります。磐境とは神宿る岩です。

また、神社によっては別宮《べつぐう》という宮があるところがあります。ご本殿に祭られている神さまが主祭神ですが、主宰神と同格の神さまを祭るのが別宮です。伊勢神宮でいえば、正殿に天照大御神さまの和魂（ニギミタマ）を祭り、正殿の裏側に鎮座する荒祭宮に天照大御神さまの荒魂（アラミタマ）を祭っています。この二宮で陰陽セットになります。したがって、別宮の神さまはご本殿の神さまとほぼ同格ですから、別宮にも必ずお参りした方がいいのです。

別宮は大きな神社にしかありませんが、摂社は一般の神社にもあります。摂社は比較的大きな社で、主祭神に準じる神さま、または主祭神に近い神さまやご家族の神さまを祭っている場合が多いのです。参拝の順番としてはまずは本殿を、次に摂社をお参りした方がよいでしょう。

小さい社を末社といいます。末社は主祭神に近い神さま、もしくはそこの地域に縁ある神々を祭っています。「産土」とは土着の神々のことですから、産土の大神さまは必ずしもご本殿におられるのではなくて、摂社や末社におられる場合もあります。末社には日本の

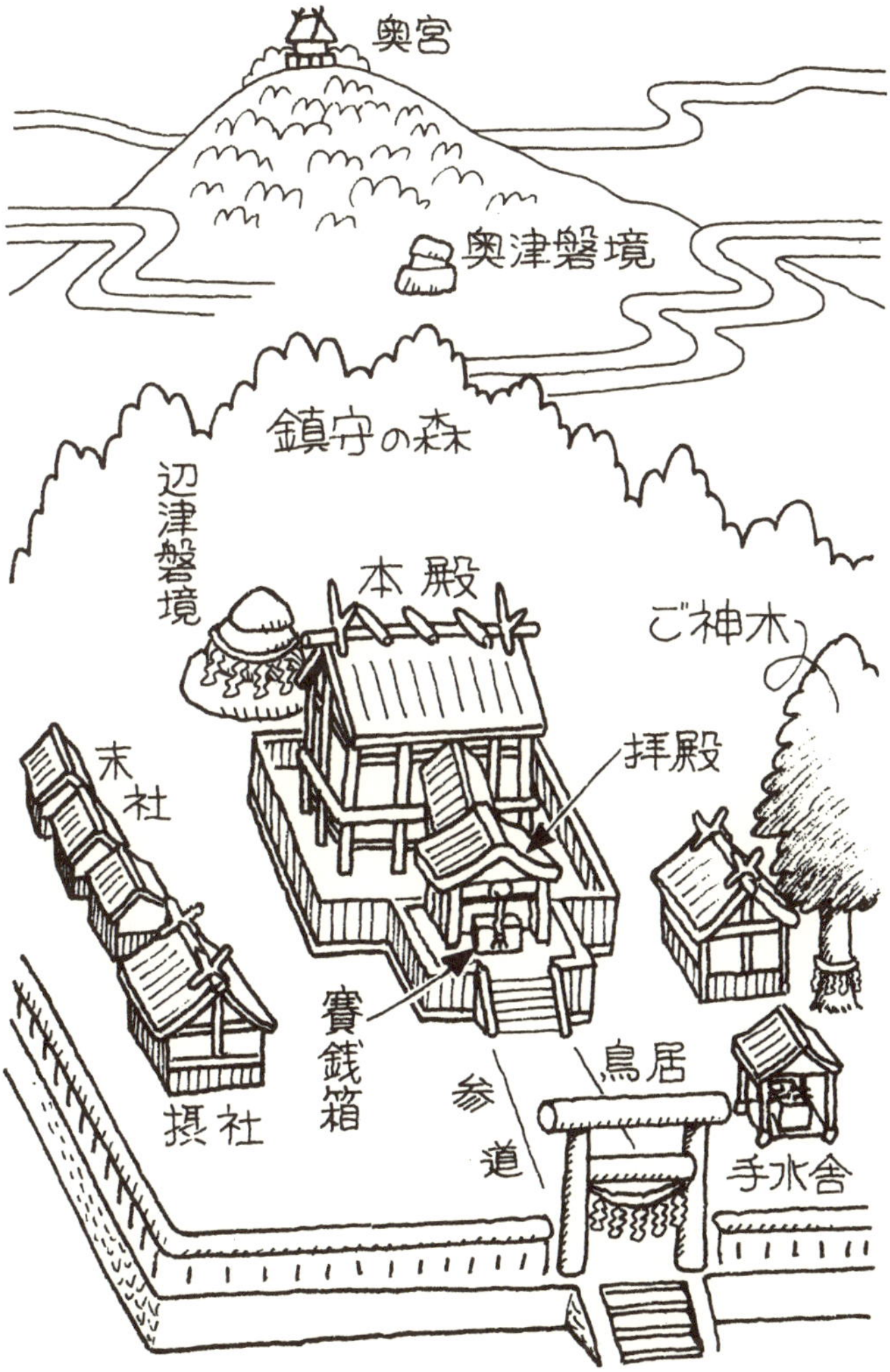

神社の配置図

神々のルーツでもあるカムイさま(アイヌ語で神のこと)がおられることもしばしばで、そのカムイ(神威)さまが産土の大神として働かれている場合もあります。

また、ご神木に宿っている場合もあるし、大地そのものに宿っている場合もあります。したがって、神社は拝殿から本殿、さらには境内を含む全域が聖域なのです。それを認識して拝んだ方がいいのです。

Q．神社で特にポイントになるところはありますか。

A．神体山や奥宮がある場合は、そこがとても大切です。神さまのご本体は奥宮にいらっしゃる場合が多いので、神社に奥宮がある場合は要チェックです。奥宮はお山にある場合もあるし、常陸国一の宮の鹿島神宮（茨城県）や下総国一の宮の香取神宮（千葉県）のように、ご本殿より少し奥まったところに奥宮が鎮座していることもあります。

基本形としては、「神の一霊四魂」の四魂が奥宮と本宮に分かれているのがふつうです。鹿島神宮や香取神宮もご本殿にニギミタマを祭り、奥宮にアラミタマを祭っています。

また、元宮もとても大切です。鹿島神宮の元宮は近くの大生《おおう》神社であり、香取神宮の元宮は側高《そばたか》神社になります。鹿島神宮と香取神宮を「顕」とすると、大生神社と側高神社が「幽」になります。

鹿島神宮の奥宮

神体山の頂上に奥宮があって、平地に里宮が鎮座している場合、通常は里宮にお参りします。里宮に「奥宮遙拝所」があるなら、そこから奥宮を遙拝するといいでしょう。

たとえば、三河国一の宮・砥鹿《とが》神社（愛知県宝飯郡）は本宮山が神体山になっており、里宮のご本殿の左横に摂社が鎮座し、その左横に「奥宮遙拝所」という鳥居と神籬（ヒモロギ）があります。

ヒモロギとは神が降臨するご神木のことで、神社ではしめ縄を張って祭られています。神道の二大家元の吉田神道には、「天津《あまつ》神籬《ひもろぎ》之伝・天津《あまつ》磐境《いわさか》之伝」があります。このようにヒモロギと磐境でセットになるわけです。花崗岩は神さまが特に降臨しやすい岩で、霊山といわれる山の多くは花崗岩の山です。鹿児島県の屋久島もそうですが、世界の聖地といわれる場所は花崗岩のところが多いのです。

Q．神社の名称には「神社」「大社」「神宮」などがありますが、どう違うのですか。

A．神社の最初の形態はヤシロ（屋代）です。ヤシロとは〝結界〟を張って、その中にヒモロギを立てて神に降臨していただくものです。地鎮祭で四方に竹を立て、しめ縄を張りめぐらした真ん中に土を盛って、ヒモロギの棒を立てますが、この形態がヤシロです。

ヤシロを作り、神職が警蹕《けいひつ》をかけて神さまに降臨していただきます。「オオーッ」という警蹕が、神仏との交流の波動です（私は大いなる神秘体験によって、〝神仏そのもの〟の警蹕をかけることができるようになりました。その時の警蹕はまさしく〝原初の響き〟であり、警蹕の中に多くの情報が入っていることがわかりました）。

降臨していただく降神詞《こうしんじ》と、元の御座《みくら》にお帰（還）りいただく昇神詞《しょうしんじ》があります。神職が祝いの言霊に神のパワーを〝乗せ〟て、奏上します。それでノリト（祝詞）というわけです。祈りは言霊では、「意乗り」になります。

神事が終わったら、神霊に元の御座にお帰りいただきますが、いつもお帰りいただくのではなくて、「常駐してほしい」と人間は考えました。そこで、ずっといていただく形態が、御屋《みや》（＝宮）になりました。宮は神さまの常駐の住居であり、それから拝殿・本殿へと発展していきます。

ヤシロが簡易型で、宮となると常駐型になっていきます。今でも一般的に、ヤシロといったら小規模な神社のことをいいます。八幡社といった時は小さいお社です。○○神社になると、まあまあの規模の神社です。さらに○○神宮や大社になると、大きい神社のことを指します。

ここで、神宮と大社の違いを述べましょう。

神宮――伊勢神宮が本来の神宮。後に皇室と深くかかわる神社も神宮と呼ぶようになり、近代になると天皇家をまつる神社のことも神宮と称した
大社――出雲大社が本来の大社。後に国津神を主に祭る有力な神社が大社を称する

伊勢神宮（三重県伊勢市）が本来の神宮で、単に「神宮」といったら伊勢神宮のことです。後に、皇室とかかわる神社も神宮というようになります。神宮とついた場合は、天照大御神さまの系統の神々、もしくは皇室にかかわる神々を祭っています。愛知県名古屋市の熱田神宮は三種の神器の一つのクサナギノ剣を祭っています。

近代は天皇家を祭る神社も神宮と称しました。明治以降に、明治神宮や北海道神宮、吉

野神宮、橿原神宮、近江神宮ができました。

神宮と称している神社では日本の平和や地球の調和を主に祈り、身近な願い事は自分の産土の大神さまに頼むことです。

また、大社といったら出雲国一の宮の出雲大社（島根県簸川郡）が本来の大社です。住吉大社（摂津国一の宮・大阪市）、日吉大社、宗像大社などいろいろな大社があります。神威のある偉大な神社という認識をすれば良いでしょう。

Q．祈り方のコツを教えてください。

A．皆さんは神社に行った時に、拝殿でパンパンと拍手をしてお祈りしていますが、拝殿の奥にある本殿を意識してお参りすることが大事です。行けたらご本殿の近くまで行って、ごあいさつするといいのです。
拝殿の奥にご本殿があり、そこにご神体が祭られています。本殿に向かって祈りをシュー ッと届かせるという気持ちで祈りましょう。下を向いて祈ったら、波動も下にいってしまいますから、目を開けて、本殿（鏡または御扉）をしっかり見てお祈りすることです。ちなみに、神の場合は〝祭り〟であり、先祖の場合は〝祀り〟となり、合わせて祭祀といいます。

私はたまに祈りの光（波動）が見えることがあるのですが、神仏に対峙して、きちんと合掌して、目をしっかり開けて、胸の奥にある直霊《なおひ》からシューッと光を出すような感じで祈ることです。実は、しっかりと目で見ると、直霊から祈りの光が出るようになります。「目の力」を使うようにしましょう。お祈りしていて、手のひらとか胸のあたりがホワッと温かくなってくる感じがした時が、神仏に祈りが通じた時の一つの目安になります。「よくわからない」という人は、そうなるまでやってみてください。

拝殿と本殿だけが神社ではなくて、境内全域、山の中腹にあったら、お山全体を神さまのいます場所として拝むことが大事です。

さらに、外なる神と内なる神の両方を神として拝むとよいのです。内なる神仏である一霊四魂で祈るようにします。大自然はすなわち神仏ですから、人間も当然神仏になります。

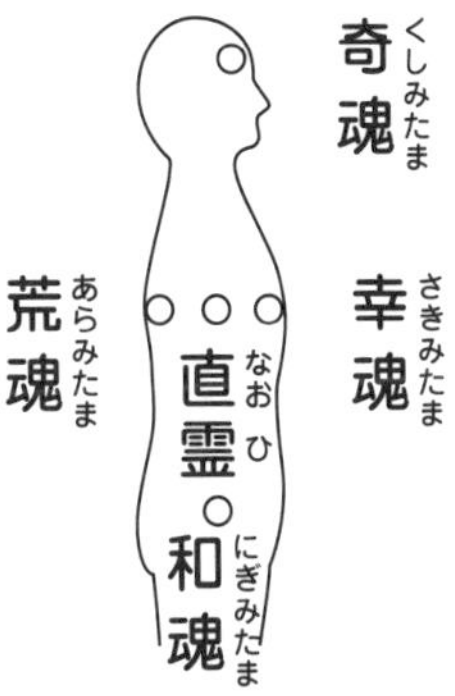

一霊である直霊は、胸の真ん中にあります。背中の後ろに荒《あら》魂《みたま》、胸の前のあたりに幸魂《さきみたま》、額の前方に奇魂《くしみたま》、下丹田のところに和魂《にぎみたま》があります。

直霊とはまさしく心（ハート）です。ハートというと、胸のあたりをさします。決して、頭ではありません。感情が揺れると、心臓や胸がドキドキします。西洋人も胸にハートを書きます。人類は共通して、胸に心があることが直観的にわかっているのです。

Q．神社に参拝する際の優先順位はありますか。

A．神社は産土神社が最優先になります。それを核として、自分の縁のある神社や守護神社を広げていきましょう。

「産土神社、菩提寺、先祖のお墓」の三点セットのお参りが基本です。菩提寺とは自分の先祖が代々信仰していた宗旨で、先祖の墓があるお寺のことです。自分のルーツを大切にし、自分のルーツに縁ある存在から後押しいただくわけです。

産土神社——産土の大神が拠点としている神社。
　家族で同じ産土神社であってもそれぞれを担当する産土の大神は違う
鎮守神社——鎮守の大神が拠点としている神社
職場の鎮守神社——職場を護る鎮守の大神が拠点としている神社
総鎮守——その地域の神社をまとめる神社
一の宮——旧国のトップの神社
総社——旧国のすべての神々を祭る。一の宮とペアになる

国魂の神社――生国魂神社《いくくにたま》（大阪）、生島足島神社《いくしまたるしま》（長野）、飯神社《いい》（愛媛）など

まずは、産土神社が最重要です。家庭円満の秘訣は、家族一人一人の産土神社への参拝から始まります。次に、今住んでいるところの鎮守神社です。それも、産土の大神の縁の中で鎮守神社が決まります。産土さま、鎮守さまを統括するのが総鎮守、そして旧国の一の宮になります。大きな神社に参拝する場合は、由来書や看板に「一の宮」「総社」「総鎮守」という肩書がついているかどうか、チェックしましょう。

武蔵国は埼玉と東京です。一の宮はさいたま市の氷川神社になります。総社が府中市の大国魂神社です。江戸の総鎮守といえば、千代田区の神田神社（神田明神）です。

産土神社は、産土の大神さまがそこの神社を拠点としているということです。まず産土さま、鎮守さまをしっかり押さえた上で、総鎮守の大神さま、一の宮の大神さまにバックアップしてもらいます。真ん中がズボッと抜けていて、外だけやってもダメです。中心核を押さえて、それを拡げることです。

産土の大神さまとか鎮守の大神さまは、担当という意味なのです。「わが産土の大神」とは、私を担当してくださる親神さまという意味です。会社と同じで、順番があります。平社員がいきなり、「社長に会わせてほしい」ではなくて、まずは担当係長に会うということ

大国魂神社（東京都）

です。社長にいきなり会っても結局、担当の課長、係長に回されます。会社だとそうするのに、神仏の世界だけ、いきなり「社長に会わせてくれ」というパターンになっているのに気づかず、「なかなか結果が出ない」と悩んでいる人が多いのです。

一の宮や総鎮守にお参りする時には、自分の鎮守神社とか産土神社が近くだったら、先に産土神社にお参りしましょう。そうした方がむしろ、一の宮の大神さまの覚えがいいのです。

旧国のすべての神々を祭っているのが総社です。一の宮と総社が陰陽セットになっています。「総社」とか、「総社神社」「惣社」という名称の神社があるはずですから、自分の地域の総社をチェックしてみましょう。よくわからないという人は、郷土史を参考にすればいいでしょう。自分の今住んでいる鎮守神社を管轄する一の宮や総社だけではなくて、産土神社のある地域の一の宮とか総社もチェックしておくことです。機会があったら、一度お参りするのはいいことです。これが神さまと仲良くする付き合い方です。

また、国土全体の神さま（国魂）を祭っている神社もあります。大阪の生国魂神社や長野県の生島足島神社がそうです。ちなみに、生島足島神社のご神体はご社殿の下の土（国土）です。

優先すべき順序は、「産土神社（自分・父方・母方）、鎮守神社、職場の鎮守神社、一の宮、総社」になりますので、これらの神社を確実に押さえましょう。

Ｑ．受験をする際には、どう神社を活用したらよいのでしょうか。

Ａ．学問の神さまの天満宮に参拝する人が多いようですが、基本はあくまでも産土神社か鎮守神社です。産土神社が近かったら産土神社に参拝し、祈願することになります。前もって「産土神社、菩提寺、お墓」の三点セットにお参りして、後押しをお願いしておくことです。

親の鎮守神社とともに、受験生本人の鎮守神社にも参拝します。お祈りは次のような趣旨でされるとよいでしょう。

受験の時の基本的な祈り詞

二拝二拍手一拝をします。

「とってもすばらしいわが鎮守の大神さま、いつもありがとうございます

宇宙の大いなる意志、大調和に基づく天命もちて、とってもすばらしいわが鎮守の大神さまの一霊四魂の、いやますますのご開運をお祈り申し上げます（2回以上）

この度、わが息子（娘）の〇〇は、〇〇市〇〇町の〇〇校を受験いたします。本人も一所懸命勉強しますので、本人の実力が存分に発揮できますように、後押しのほどよろしくお願い申し上げます

宇宙の大いなる意志、大調和に基づく天命もちて、とってもありがたいわが鎮守の大神さまの一霊四魂の、いやますますのご活躍をお祈り申し上げます」

二拝二拍手一拝をします。

受験生本人の生年月日と干支、受験校の住所も詳しく述べます。受験生の鎮守神社に参拝した時は、「わが息子（娘）〇〇さんの鎮守の大神さま」と置き換えます。その上で、受験校の「学校の鎮守神社」に参拝するとよいでしょう。その際は、「わが息子（娘）〇〇さんが受験する〇〇校の鎮守の大神さま」というパターンで、お祈りします。

本人の努力が一番大切なのはもちろんですが、いくら実力があっても、その時の体調などさまざまな要因で不合格になるケースもあります。これらの神社祈願は、「本人の実力が存分に発揮できるように後押ししていただく」ために行います。

私の長男が高校受験を迎えた平成十四年正月に、本人の鎮守神社と受験校の三校それぞれの鎮守神社に家族で参拝し、祈願をしました。私が神道フーチでリサーチしたところ、不思議なことに、本人の鎮守神社と受験校の三校の鎮守神社は同じ系統の神社でした。

本人も安心感が出て、勉学に集中できました。受験当日は神棚、仏壇にもごあいさつしました。本人なりに「人事をつくして天命を待つ」という心境になったようで、第一志望校も含め三校とも合格できました。

Q．自分の仕事の業績を上げたいのですが、何かいい方法はありますか。

A．職場を守る鎮守の大神さまにお願いしてみてください。自分の現住所の鎮守神社、職場の鎮守神社、総鎮守、一の宮、総社という形で守護してくださいます。

そして、クライアントとの取引を成功させるには、職場の鎮守神社だけでなくて、取引先の鎮守神社にも参拝して、後押しをいただくとよいでしょう。受験と同じパターンで、鎮守さまネットワークを活用すると、結果が出やすいのです。

ある会社の社長が取引先で自社商品のプレゼンテーションをする際、私から教えてもらったように、自分の職場の鎮守神社と相手先の職場の鎮守神社に事前に参拝し、後押しをお願いしました。すると、自社商品をうまく納入できたといいます。さすがに毎回とはいきませんが、以前よりも相当確率が上がったということです。

また、相手先とトラブルが起きた時も、同様です。まずはトラブルの原因を探り、現実的な対策を立てた上で、自分の職場の鎮守神社と相手先の職場の鎮守神社に後押しをいただくとよいでしょう。この**「職場の鎮守神社ネットワーク」**を使ったところ、相手の対応が優しくなり、トラブル以前よりも友好的になったというケースもあります。

これらの方法は、最初から結果が決まっている場合(たとえば、多額の負債をかかえて、自己破産するしかないケースなど)には当然無理です。しかし、ビジネスにおいては、「どっちに転んでもおかしくない」という状況は多いものです。そういう場合に、後ろからポンと後押ししていただいて、良い方に変えてくださるのです。

Q. 総本宮について教えてください。

A. 神社にはさまざまな系統があります。その系統のトップの神社を総本宮といいます。そこから、全国に分祀されました。また、一の宮が総本宮になっているケースも多いのです。

八幡神社は全国にありますが、総本宮は豊前国一の宮・宇佐神宮（大分県宇佐市）になります。

あなたの産土神社が八幡宮だとすると、総本宮である宇佐神宮の神さまに一度ごあいさつをして、バックアップしていただくといいでしょう。「うちの産土さまの総本宮なので、お参りにきました」とごあいさつすれば、喜ばれます。産土神社の総本宮にお参りするのは、自分がバックアップしてもらうためです。これを「**総本宮開運法**」といいます。

自分の産土神社の主祭神が祭られている神社は、守護神社になってくださる可能性が高いのです。「同じ系列なのでよろしくお願い申し上げます」と、身内パターンで攻めていくのがコツです。

Ｑ．自分の住んでいる所の「一の宮」を知りたいのですが。

Ａ．全国の一の宮の所在地を載せていますので、活用してください。前述のように、一の宮は昔の国のトップの神社で、多くはその広大な地域を守護しています。自分の産土神社と鎮守神社とともに、自分の住んでいる旧国の一の宮にも参拝して、ご開運を祈るとよいでしょう。その地域に住まわせていただいていることへの感謝の気持ちをあらわすとともに、産土の大神さま、鎮守の大神さまのバックアップを一の宮の大神さまにいただくとよいのです。

お遍路さんや観音霊場巡りが静かなブームになっていますが、「一の宮巡拝法」という開運法もあります。これは全国の一の宮を巡拝する方法で、開運法としてすぐれています。もちろん、自分の産土神社と鎮守神社が優先され、その次に、「一の宮巡拝法」を行うことになります。

全国の一の宮をくまなく参拝するのはたいへんですから、自分の地域（関東、関西、東北など）をまず参拝するとよいでしょう。同じ国に一の宮が二つとか三つある場合がありますが、これは時代の変遷の中で、有力な神社が一の宮だと自称しているからです。どちらも参拝するとよいでしょう。また、一の宮は総本宮も兼ねているところが多いので、左のリストは総本宮に参拝する際にもご利用いただけます。

〔神宮〕
内宮　皇大神宮　三重県伊勢市宇治館町
外宮　豊受《とようけ》大神宮　三重県伊勢市豊川町

〔東北地方〕
陸中国　駒形《こまがた》神社　岩手県水沢市中上野町

安房国一の宮・安房神社本殿

陸奥国　志波彦《しばひこ》神社・塩竈《しおがま》神社　宮城県塩竈市森山

陸奥国　都々古別《つつこわけ》神社　福島県東白川郡棚倉町

陸奥国　石都々古別《いわつつこわけ》神社　福島県石川郡石川町

岩代国　伊佐須美《いさすみ》神社　福島県大沼郡会津高田町

出羽国　鳥海山大物忌《ちょうかいさんおおものいみ》神社　山形県飽海郡遊佐町

〔関東地方〕

常陸国　鹿島《かしま》神宮　茨城県鹿嶋市

下野国　二荒山《ふたあらやま》神社　栃木県宇都宮市馬場通り

下野国　二荒山《ふたらさん》神社　栃木県日光市

上野国　貫前《ぬきさき》神社　群馬県富岡市一ノ宮

武蔵国　氷川《ひかわ》神社　さいたま市大宮区高鼻町

武蔵国　氷川女體《ひかわにょたい》神社　さいたま市緑区宮本

下総国　香取《かとり》神宮　千葉県佐原市香取

上総国　玉前《たまさき》神社　千葉県長生郡一宮町

安房国　安房《あわ》神社　千葉県館山市大神宮
安房国　洲崎《すざき》神社　千葉県館山市洲崎
相模国　寒川《さむかわ》神社　神奈川県高座郡寒川町
相模国　鶴岡《つるおか》八幡宮　神奈川県鎌倉市雪ノ下

〔中部地方〕

越後国　弥彦《いやひこ》神社　新潟県西蒲原郡弥彦村
越後国　居多《こた》神社　新潟県上越市五智
佐渡国　度津《わたつ》神社　新潟県佐渡郡羽茂町
越中国　高瀬《たかせ》神社　富山県東砺波郡井波町
越中国　気多《けた》神社　富山県高岡市伏木町
越中国　雄山《おやま》神社　富山県中新川郡立山町
越中国　射水《いみず》神社　富山県高岡市古城
能登国　気多《けた》神社　石川県羽咋市寺家町
加賀国　白山比咩《しらやまひめ》神社　石川県石川郡鶴来町
越前国　気比《けひ》神宮　福井県敦賀市曙町
若狭国　若狭彦《わかさひこ》神社　福井県小浜市遠敷

若狭国　若狭姫《わかさひめ》神社　福井県小浜市国分

甲斐国　浅間《あさま》神社　山梨県東八代郡一宮町

信濃国　諏訪《すわ》大社（上社）　長野県諏訪市大字中洲（諏訪は四社で一体）

信濃国　諏訪《すわ》大社（下社）　長野県諏訪郡下諏訪町

飛騨国　水無《みなし》神社　岐阜県大野郡宮村

美濃国　南宮《なんぐう》大社　岐阜県不破郡垂井町

伊豆国　三嶋《みしま》大社　静岡県三島市大宮町

駿河国　富士山本宮浅間《せんげん》大社　静岡県富士宮市宮町

遠江国　小國神社　静岡県周智郡森町

遠江国　事任《ことのまま》八幡宮　静岡県掛川市八坂

三河国　砥鹿《とが》神社　愛知県宝飯郡一宮町

尾張国　真清田《ますみだ》神社　愛知県一宮市真清田

尾張国　大神《おおみわ》神社　愛知県一宮市花池

〔近畿地方〕

伊勢国　椿大神社《つばきおおかみのやしろ》　三重県鈴鹿市山本町

伊勢国　都波岐奈加等《つばきなかと》神社　三重県鈴鹿市一ノ宮町

志摩国　皇大神宮別宮伊雑《いざわの》宮　三重県志摩郡磯部町
志摩国　伊射波《いざわ》神社　三重県鳥羽市安楽島町
伊賀国　敢國《あえくに》神社　三重県上野市一之宮
近江国　建部《たけべ》大社　滋賀県大津市神領
山城国　賀茂別雷《かもわけいかづち》神社　京都府京都市北区上賀茂（二社で一体）
山城国　賀茂御祖《かもみおや》神社　京都府京都市左京区下鴨
丹波国　出雲大神宮　京都府亀岡市千歳町
丹波国　元伊勢・籠《この》神社　京都府宮津市大垣
河内国　枚岡《ひらおか》神社　大阪府東大阪市出雲井町
和泉国　大鳥《おおとり》神社　大阪府堺市鳳北町
摂津国　住吉《すみよし》大社　大阪府大阪市住吉区住吉
摂津国　坐摩《いかすり》神社　大阪府大阪市中央区久太郎町
但馬国　出石《いづし》神社　兵庫県出石郡出石町
但馬国　粟鹿《あわが》神社　兵庫県朝来郡山東町
播磨国　伊和《いわ》神社　兵庫県宍粟郡一宮町
淡路国　伊弉諾《いざなぎ》神宮　兵庫県津名郡一宮町

大和国　大神《おおみわ》神社　奈良県桜井市三輪
紀伊国　日前《ひのくま》神宮・国懸《くにかかす》神宮　和歌山県和歌山市秋月町
紀伊国　伊太祁曽《いたきそ》神社　和歌山県和歌山市伊太祁曽
紀伊国　丹生都比売《にぶつひめ》神社　和歌山県伊都郡かつらぎ町

〔中国地方〕

因幡国　宇倍《うべ》神社　鳥取県岩美郡国府町
伯耆国　倭文《しとり》神社　鳥取県東伯郡東郷町
出雲国　出雲大社《いずもおおやしろ》　島根県簸川郡大社町
出雲国　熊野《くまの》大社　島根県八束郡八雲村
石見国　物部《もののべ》神社　島根県大田市川合町
隠岐国　水若酢《みずわかす》神社　島根県隠岐郡五箇村
隠岐国　由良比売《ゆらひめ》神社　島根県隠岐郡西ノ島町
美作国　中山《なかやま》神社　岡山県津山市一宮
備中国　吉備津《きびつ》神社　岡山県岡山市吉備津
備前国　吉備津彦《きびつひこ》神社　岡山県岡山市一宮
備前国　石上布都魂《いそのかみふつのみたま》神社　岡山県赤磐郡吉井町

備後国　吉備津《きびつ》神社　広島県芦品郡新市町宮内
備後国　素盞嗚《すさのお》神社　広島県芦品郡新市町天王
安芸国　厳島《いつくしま》神社　広島県佐伯郡宮島町
周防国　玉祖《たまのや》神社　山口県防府市大字大崎
長門国　住吉《すみよし》神社　山口県下関市一の宮住吉

〔四国地方〕

阿波国　大麻比古《おおあさひこ》神社　徳島県鳴門市大麻町
讃岐国　田村《たむら》神社　香川県高松市一宮町
伊予国　大山祇《おおやまずみ》神社　愛媛県越智郡大三島町
土佐国　土佐《とさ》神社　高知県高知市一宮

〔九州地方〕

筑前国　筥崎宮《はこざきぐう》　福岡県福岡市箱崎
筑前国　住吉《すみよし》神社　福岡県福岡市博多区住吉
筑後国　高良《こうら》大社　福岡県久留米市御井町
肥前国　與止日女《よどめひめ》神社　佐賀県佐賀郡大和町
肥前国　千栗八幡宮《ちりくはちまんぐう》　佐賀県三養基郡北茂安町

豊前国　宇佐《うさ》神宮　大分県宇佐市南宇佐
豊後国　西寒多《ささむた》神社　大分県大分市大字寒川
豊後国　柞原八幡宮《ゆすはらはちまんぐう》　大分県大分市大字上八幡
壱岐国　天手《あめのた》長《なが》男《お》神社　長崎県壱岐郡郷ノ浦町
対馬国　海神《かいじん》神社　長崎県上県郡峰町
肥後国　阿蘇《あそ》神社　熊本県阿蘇郡一の宮町
日向国　都農《つの》神社　宮崎県児湯郡都農町
大隅国　鹿児島《かごしま》神宮　鹿児島県始良郡隼人町
薩摩国　枚聞《ひらきき》神社　鹿児島県揖宿郡開聞町
薩摩国　新田《にった》神社　鹿児島県川内市宮内町

（参考・「全国一の宮めぐり」一の宮会）

一の宮は、全国八万社以上ある神社の〝ベスト一〇〇〟になります。
これらの一の宮は傾向として、オオクニヌシノ大神をはじめとした出雲系（国津神）の神々を祭っている神社が多いということがいえます。さらに里宮には、国生みをしたイザナギノ大神・イザナミノ大神以後の神々が主祭神になっているケースが多く、また、神体

肥後国一の宮・阿蘇神社

山にはそれ以前の神世七代、別天神五神、宮中八神（第7章参照）などの根本の神々が〝隠れ神〟として鎮座しているケースもあります。

ちなみに、北海道と沖縄には「一の宮」は鎮座していません。昔は神社があまりなかったからです。現在は、次の神社が「新・一の宮」とされています。これは一の宮に準じる神社と認識すればよいでしょう。

北海道神宮　　北海道札幌市
波ノ上宮　　沖縄県那覇市

Q．最近、風水がブームですが、それと神社は関係ありますか。

A．日本の場合、風水のポイントになるところに、神社が鎮座しています。ある風水師と話したことがありますが、その人が風水盤をもって調べていて、「ここが龍穴だ」と出たので勇んで行ってみると、だいたいそこには祠があったといいます。そこに神さまがお祭りされているわけです。そういう経験を何度もしているので、「ココというところにちゃんとお社があります。昔の人は本当にスゴイ」といっていました。

だから、神社だけでなく、その場が大事なのです。その「場（聖地）」が大事なところだよ、ということを示すために、神社を建てているわけです。昔はそういう気場がよくわかる人を、「君＝気観《きみ》」といいました。長老のことです。

私は本人の産土神社や鎮守神社を軸とした**「守護神社ネットワーク」**という風水的開運法を開発しています。それは神道フーチでリサーチしていくわけですが、傾向として、本人の産土神社や鎮守神社と同じ系統の神社が守護神社になるケースが多いのです。当然、一の宮や総鎮守もネットワークのカナメになってきます。

私がその人の守護神社を神道フーチで調べて、守護神社ネットワークを結ぶと、菱形や三角形になります。それがだいたい龍穴、龍脈、水脈と一致します。

新たな取引先や顧客を増やす時は、この守護神社ネットワークのエリアに集中的に営業をかけると結果が出やすくなります。また、自分の産土神社や鎮守神社と同じ系統の、その地域の神社に参拝するとよいでしょう。ご開運を祈って、守護神社になっていただいた上で営業するという方法も有効です。そういう意味では、産土神社や鎮守神社という軸を押さえれば、いくらでも応用できるということです。

ちなみに、稲荷神社系統が産土神社や鎮守神社、守護神社になることはほとんどありません。稲荷信仰そのものが、「うぶすな」とは異質なのです。

Q．神と仏、神社とお寺の違いは何ですか。

A．日本人は、大いなる存在の「陽」の部分を〝神〟と認識し、「陰」の部分を〝仏〟と認識しました。日本人が神道だけでなく、仏教を取り入れたのは古代人の智慧だといえます。どちらも大切で、二つで陰陽調和されることで、祈る人間の運命がバージョンアップされます。

神が生命を活かす存在だとすると、仏は人の身近にいて、悲しみや悩みから救う存在だと考えてもよいでしょう。神が父親的だとすると、仏は母親的役割なのです。神仏は守護者であると同時に、「教育者」という側面をもっています。

そういう意味でいうと、神を祭る神社と、仏を祀るお寺自体も、やはり陽と陰の関係になります。神は元気で勇ましく、仏は慈悲の心に象徴されますが、どちらも人間には必要です。イメージとしては、お祝い事は陽の神社で、葬式などの悲しみ事は陰のお寺が主に担当しています。

人間は、ドーナツ状に仏界の存在から守護されています。肉体人間のことは守護先祖霊団や守護霊、指導霊が肉体をもっていた経験上から、より親身に守護しています。そして、守護先祖霊団や守護霊、指導霊は仏尊や仏尊の神々がバックアップされているわけです。

神と仏は陽と陰になりますので、産土の大神さまがおられれば、産土の守護仏さまもいらっしゃいます。このようなルーツの神仏が「広義のうぶすな」になります。

日本では仏界といえば、如来、菩薩、天部の神々、仏尊の配下の神々などが有名ですが、ほかに大日如来に匹敵する宇宙存在として、大仏頂《だいぶっちょう》、大仏眼《だいぶつげん》、仏眼仏母《ぶつげんぶつも》などの「光の仏頂・仏眼・仏母界のご存在」がいらっしゃいます。

また、日本で「仏」として認識している存在の「原存在」は、サンスクリット語で表現されています。というよりもサンスクリット語の原存在を中国、日本が漢字訳しました。

たとえば、阿弥陀如来はサンスクリット語ではアミターバやアミターナス、薬師瑠璃光如来はバイシャ・ジャグル、虚空蔵菩薩はアキャシャ・ガルバ、地蔵菩薩はクシティ・ガルバ、不動明王はアチャラナータといいます。さらに、その上にマハー（偉大なという意味）、マハーターラ（至光）、アヌッタラ（至尊）などさまざまな存在がいます。

仏尊・天部の神々のサンスクリット語の方の存在自体には相互に上下はなく、仏教が上下をつけただけです。また、ヒンズーの神々を仏教の護法神にしていますが、本来、仏教を護る存在ではなく、人間を守護する存在と考えた方がよいでしょう。

また、日本の神々はシュメール（古代メソポタミア）の神々でもあります。「歴史はシュメールに始まる」という有名な言葉がありますが、「日本神界では○○大神だが、シュメールでは△△になる」という感じです。人間は民族によって、同一の存在をそれぞれの神話上の名前として、呼んでいるわけです。そういう意味からも世界は一つであり、〝地球神道〟になります。

神仏の名前も働きによっていろいろあります。固定的に、この神さまの名前はこうだとはいえないのです。人間の場合は肉体があるから一つですが、神仏は肉体がないのでどうにでも変化《へんげ》します。神仏はいろいろなお名前をもつからこそ、〝働き〟として産土の大神さまや産土の守護仏さまと呼んだ方がよいのです。

それから、自分の宗旨の菩提寺に参拝するのも大切なことです。総本宮と同じような意味で、「**菩提寺の総本山**」にも、一生のうち数回は参拝されるとよいでしょう。たとえば、曹洞宗だと永平寺、浄土真宗だと東西の本願寺になります。これはご本尊が総本山の仏尊たちのパックアップを受けるので、ご先祖さまがたいへん喜ばれます。

神社には鏡がありますが、「神は鏡のごとし」というように、人間の対応によって神さまの顕れ方は変わってきます。人間もそうですが、相手がケンカごしに来たら身構えるし、親しみを見せたら打ち解けてくれます。神さまも同じなのです。人間と違うのは、人間よりも〝人間ができている〟ことです。いわば徳の高い長者さんのイメージなのです。

そういう認識をもてれば、神仏とのお付き合いのコツが、まず仲良くすることであることがわかるでしょう。仲良くするために、神さまのご開運をお祈りするのです。ご開運を祈られた神さまは喜ばれます。喜ばれるから、より、私たち人間を助けてくださるわけです。

また、〝大自然すなわち神仏である〟という認識をもって、大自然に親しむことです。神仏は大自然を愛でる人を特に愛します。大自然は私たちの生命を育んでくださっています。そういう存在に対して手を合わせるのが、信仰の始まりなのです。

そういう趣旨で、私が主宰する「まほろば研究会」では、日本全国の産土神社や鎮守の森、聖地の復興と保存、自然保護を推進するために「まほろば基金」を設け、有志による奉納ボランティア活動を行っています。

Q．故郷に帰る時はどのようなところをお参りすればよいですか。

A．ふるさとに帰る時は、「産土神社・菩提寺・先祖のお墓」を三点セットでお参りするのが、開運のコツです。菩提寺とは先祖の墓を守る宗旨のお寺のことです。

お彼岸やお盆の時、お墓には参っても産土神社に参拝しないという人が多いのですが、神・仏・先祖の順で参拝すると効果があります。

なかなか良縁に恵まれなかった男性が、**「産土神社・菩提寺・先祖のお墓」**の**三点セット**でお参りしたところ、二週間後に縁談があり、三カ月後にめでたく結婚したという実例もあります。

次に、父方と母方の産土神社が近い場合はいっしょに参拝しましょう。産土神社・菩提寺・先祖のお墓は父方だけでなく、母方もとても大切です。霊的世界は〝母方〟の影響が強いのです。

時間に余裕があれば、故郷の一の宮にも参拝されて、産土の大神さまのバックアップをお願いするとよいでしょう。

第3章

直霊《なおひ》の大神（スーパー・ハイアー・セルフ）との超・神秘体験と「神社のご開運」神業

高校時代のヴィジョンを実現する

本書で紹介している各種の超開運法は、古来の方法に私自身の体験を加えて、バージョンアップさせたものです。まず、私が〝実験台〟となって、確実に手応えがあるものを、天命カウンセリングの際に相談者に紹介します。そして実際に「結果」が出たものを開示しています。

また、超開運法の背景となった私の若い頃のさまざまな体験や、私の直霊《なおひ》の大神（スーパー・ハイアー・セルフ）さまとの超・神秘体験（初期のスサノオノ尊のワケミタマになる神秘体験は『バージョンアップ版神社ヒーリング』に載っていますので、ここではそれ以降の話を中心に語っています）、さらに、私の主宰する「まほろば研究会」の会員有志とともに行っている「神社のご開運」神業も紹介しましょう。

本書のタイトル『決定版・神社開運法』が、実際に効果抜群のメソッドになった経緯を説明することで、読者の皆さんには、本書の内容をより深く理解していただけると思います。

古神道家として歩んできた私ですが、もともと神主の家に生まれたわけではありません。

自分の〝天命への志〟と神社への深い関心と行動によって、現在の私が培われたものです。また、私の思想の背景には、ふるさと長崎の海と山の大自然があります。そのことがあって、「大自然即ち神」という古神道の思想と共鳴できたのだと思います。

さて、私がこのような世界に目を向けるきっかけになった出来事は、中学三年の時の父の死でした。ガンを患っていた父は、私の高校の合格発表の日に亡くなったのです。この頃から急速に、神社や心霊科学の本、あるいは歴史書を読むようになりました。

高校時代の私は、「黒板を使って、人間の心（精神）のことや神仏のことを人に教えている自分がいる」というヴィジョンをもっていました。現在、生涯学習のための「天命人間学の学校」（私塾）を開設し、友好ネットワークとしての「まほろば研究会」を主宰して、そのヴィジョンを実現させていますが、この高校時代のヴィジョンはいわば、私の一霊四魂（内在の神仏）からのメッセージだったのでしょう。

しかし、当時はそれが生業になるとは思えなかったので、高校教員になろうと考え、国立大学の教育学部に入りました。大学に入ると、本格的に歴史に興味をもち、全国の神社、霊山にたくさん行きました。

学生時代に一度、体の調子を悪くして、百メートルほど歩くと息切れをするという状態になりました。そして、病気を機に、「生きる目的」すなわち自分の天命について、真剣に考えるようになりました。大学を卒業し、もっと日本や地球の役に立てる人間になりたいと思った私は、教員にはならず、〝志〟をいだいて東京へ出てきました。

二十代初め、神道を研究するうちに、「神のご開運を祈る」という驚くべき祈り方を知りました。黒住宗忠《くろずみむねただ》の提唱する、この「神のご開運を祈る」という発想には驚かされました。そして、二十代の半ばには、黒住宗忠が自分の先生だという思いがはっきりありました。

私は現在、「神さまのご開運を祈る」という思想をメインにしていますが、その頃は「そういう立派な人だから、神のご開運を祈れたのであって、自分たちはそこまでいかない」というのが正直な気持ちでした。

最初に勤めた会社では編集・執筆の仕事をしました。その会社は蔵書が千冊以上あったので、宿直の時にはいつも本を読んでいました。さらに、成功哲学や自己啓発的な勉強もやり始めました。しかし、頭デッカチではしょうがないということもあって、次第に「修行」に関心が移っていきました。

結婚する時に二人の産土神社と、両家のお墓にお参りをする

私は生来の神社好きで、ふるさとに帰ったら、必ず産土神社に参拝していました。最初

は「うぶすな」という意義はわかりませんでしたが、とにかく帰省する度に、参拝していました。これが人との縁の中で、知らない間に私が開運していったポイントだったのでしょう。

私の産土神社は乙宮神社ですが、神社の背後に小山があり、そこの山頂に鎮座する琴平神社（境外社）に不思議と惹かれるものがあり、その琴平神社（小祠）によく参拝しました。後でわかったのですが、その小祠に私の産土の大神さまがいらしたのです。

私の妻と結婚する時も、私と妻の産土神社にお参りをして、「Oさんと結婚したい」という希望を述べました。産まれたところの神社に参拝するのが良いということはなんとなく思っていました。自分の家の仏壇で、ご先祖さまにも決意表明しました。

「私のご先祖さま、いつもありがとうございます。私はOさんと結婚するために、今からいろいろ頑張りますから、後押ししてください」

同時に、自分の先祖に「霊的な意味での〝山田家の中興の祖〟になります」という意志を伝えました。

両家のお墓にもお参りして、同じような趣旨のごあいさつをしました。結婚の前に妻の実家を訪れた時は、仏壇でごあいさつをしました。

「経済的なものは別として（その頃、私は貧乏サラリーマンでした）、霊的なものは両家とも私がやりましょう。だから、結婚できるように後押しください」

妻は三人姉妹で、上の二人の姉たちは結婚を反対されてたいへんだったといいますが、私たちの結婚に関してはまったく反対もなく、すぐに認めてくれたのは不思議だと当時の妻はいっていました。

こうして、予想以上にスムーズに結婚ができました。この体験が後にムスビの神としての産土の大神を再発見する時のベースになりました。

私の「うぶすな」論は、私が無意識的に行っていた経験をベースにして、後に古神道の研究とカウンセリングでの実績を重ねることで理論化していったものなのです。

比較修行学によって、古神道気功を編み出す

さて、現在の環境の栄養を吸い取ると、新たな環境に変わります。私は最初に入った会社での仕事内容をマスターした頃、周りの状況で会社を辞めざるを得なくなりました。そこで、次に印刷関連の会社に入りました。

その会社には将来の幹部候補として入り、生活は安定しました。しかし、そこの仕事を覚えていくと、「志をもって東京に出てきたのに、このまま普通のサラリーマンで終わって

いいのか」という心の叫びが起きました。

半年ほどたった頃、ある研究所から、就職の声がかかりました。二十代の末のことでした。その研究所は東洋医学やヨーガの科学的研究もしていました。そうした研究そのものが一般の人の役に立つと思い、再び転職を決意しました。給料は安くなりましたが、私は興味のある分野で仕事をしたいという、自分のやりがいを選んだのです。

研究所では、テープやビデオを制作したり、機関紙の編集や本の企画、出版なども手がけました。現在、それらの経験が自分の著作にたいへん役に立っています。

私は二十代の後半から、気功の実践や古神道の修行も始めました。自分の能力を開発してなんとかしようという〝自力行〟です。自分がレベルアップするという世界で、三十代の前半までは、各種の行を一生懸命にやったわけです。

そういうものが私の中で構築されてきて、「古神道気功」という新しいジャンルを考案することができました。古神道の行法をやった時も、ヨーガや気功、東洋医学の視点で構築できたのです。後述する一霊四魂論は、これらがベースにあります。「基本をしっかり学習しなさい」という神仏の導きがあったのでしょう。

前世の体験を思い出し、先駆的な神秘体験が起きる

いろいろ行をしているうちに、少しずつ「思い出す」という感覚がありました。つまり、前世の経験を何となく思い出してきたのです（その頃、自霊拝〔自神拝の以前のバージョン〕を行っていたことも、一因だと思います）。気功の講習を受けていると、「ああ、その動作よりもこちらが良いな」と自分で感じ、不思議と気が巡るように体がスムーズに動くのです。

後に私の前世で、ヨーガや中国の元極《げんきょく》功法をしていたことがわかり、「前世の追体験を現世でもするものだ」とわかりました。現在、新たな「天命論」「カルマ論」を開示していますが、それも自分の体験がベースになっています。

さて、子どもも二人になり、その研究所の給料ではとても食べていけない状況になりました。そこで、子どもを保育園に預け、妻も働き出したので、その研究所をやめて、私は思い切って独立することにしました。「創造能力研究所」という名称で、自営業をスタートしたのです。これが三十代初めのことです。

この頃に、自分なりの能力開発講座や古神道の行法の講座を始めました。その時は秘伝

行法や神言、祓い詞などの実践指導が中心でした。そのうち、成功哲学的な能力開発の講座は、ヴィジョンの立て方とか思念の使い方など、現在の指導に活きています。オーラの視覚法も独学でマスターしました。

私の古神道の行法は「比較修行学」の視点から、ヨーガとか気功的説明の仕方をしています。だから、神道関係以外の人たちからも受け入れられました。呼吸法にしてもヨーガの呼吸法がわかっているので、その違いとか、比較修行学という新たな視点から再構築しました。そして、内在の神を拝む自霊拝(十年後、自神拝へとバージョンアップしました)、一霊四魂論が出てきました。

しかし、現実はなかなか厳しいものです。講座をやっても収入はタカがしれています。古神道もまだまだ、一般には知られていませんでしたので、生徒もあまり集まらず、私の収入で妻子を養うまでにはなりませんでした。

この時期と前後して、先駆的な神秘体験が三つありました。一つは、ヨーガ行を行っている時、自分の意識が地球上空まで飛躍し、美しい地球を眼下に視たという経験です。この時、「この美しい地球を何とかしないといけない。地球の環境破壊が進行しているのだから、人類は争っている場合ではない」

と強く思いました。

次は私の意識が天界へ昇り、自分の直接的な守護神（すわった御姿で二十メートル以上の巨大なご存在）にお目通りをしたことがありました。そこから、人間の一霊四魂の元である、自分の本体神（直霊《なおひ》の大神）がいらっしゃるのではないかという思いが生まれました。もちろん、その時には自分が後に、直霊の大神（スーパー・ハイアー・セルフ）と合体するなどとは、夢にも思っていませんでした。

三つ目が、自分の目に映るすべてのモノが〝キラキラ〟と光輝いているという不思議な体験です。見渡す限り、周りがキラキラ、キラキラと光っていてびっくりしましたが、この時、深い感動とともに、「すべてがわが友、すべてがわが味方だ」という不思議な感覚が起きました。苦しい時期だっただけに、これらの体験は私に希望の光をもたせてくれるものでした。これは第4章で紹介する自神拝における「秘密荘厳心《そうごん》」をかいま見たのだと思います。

鎮守神社に参拝して、〝助け船〟としての新たな就職先が見つかる

私は経済的には苦しかったので、「何とかしなければ」と思い、いろいろな人の縁をたぐって、さまざまな仕事をしました。近くの鎮守神社にもよく参拝しました。仕事のこと

は、鎮守の大神さまにお願いするとよいのです。

友人の縁で、私に助け船が出ました。ある通信販売会社の社長と知り合って、そこの通信販売の隔月紙の企画・編集をすることになったのです。そこは潜在能力開発部門もやっていました。これは、鎮守神社への参拝のおかげだと思っています。

その会社には三年ほどいました。役職にもついて、十分な年収ももらって、居心地としては悪くなかったのですが、再び〝たましいの叫び〟がありました。

「自分の天命はこれではない。自分の天命は何だろう。一度しかない人生なのだから、やはり思ったようにやりたい」

自分が仕事を一生懸命やっていると、今の仕事が天命かどうかはっきりしてきます（むしろ〝浮き上がってくる〟といったらいいでしょうか）。そこの会社にいた時に、神道教師の資格も取得しました。その頃の私には、神社や古神道に関することをやりたい、という思いがこみあげてきていました。それは私の一霊四魂からの叫びだったのです。

「天職」のことを英語で、calling（コーリング）といいます。神がその人を〝呼んでいる〟という意味です。それに対して、天命とは「私（一霊四魂）が私を呼んでいる」のです。

人生の目的である天命は、内在の神仏である一霊四魂の願いであり、内なる一霊四魂が肉体人間である自分に「天命（神ながらの道）を歩め」とcallingしているのです。同時に、神仏としても、人間に天命をやってもらいたいという願いがあります。天命を歩むことが、自分自身の一霊四魂の最大の成長になります。私は天命をやっているうちに、心と現実面の成長の度合いが早くなりました。自分の中の一霊四魂は、肉体人間とともに天命を歩みたいのです。天命をやっていくと成長するから、一霊四魂がとてもうれしいのです。天命とは一霊四魂が喜び、元気が出る行為なのです。

古神道と東洋運命学、成功哲学の融合をはかる

月曜日から金曜日まで会社の仕事をして、休日には再び古神道講座を始めました。忙しい毎日の後、さらに休日に講座を始めたのですから、体力的にはたいへんでした。講座の後に、受講生と懇談をしていると、いつの間にか人生相談になります。そうなってくると、

「運命学を勉強しないと、質問に答えきれないなあ」

と考えるようになりました。

現実の悩みに対しては、精神論とか神道の行法だけでは、解決するのはムリなのです。そこで、ある先生について、東洋運命学を勉強することにしました。

私は古神道と東洋運命学、成功哲学を融合させたいと思いました。最終段階で占いを勉

強したので、占い師の発想とは違います。あくまでも、〝天命を実現するために占いを活用する〟という世界です。成功哲学と古神道を先に勉強していたので、古神道的運勢活用になるわけです。だから、運命学も、あくまでも道具の一つなのです。

東洋運命学を勉強した当初、成功哲学的思考の私は頭では理解できるものの、実際の鑑定を行うには何かつかみきれない思いがしていました。すべてを運命や宿命にしたがる〝宿命論的占い〟になじめなかったのです。

運命学の勉強を始めてから二カ月後、社長から、本社勤務から支社に出向するよう命じられました。出向させられた時は気持ちが落ち込みました。そこで、易を立てたら、「行くのが吉」と出ました。出向の期間、さらに自分の人生について深く考えるようになりました。出向は結局、三カ月で終わり、本社に帰ってきました。その時は、再び独立しようかなという気になりつつありました(そういう意味では現在、出向の辞令に感謝しています)。

本社に帰った時は、運命学の勉強の最終コースに近い時でもありました。その直後、風邪をこじらせて、四十度近い高熱で一週間ほど寝込んでしまいました。出向や人間関係、そして、天命をやりたいのに無理やり自分を抑えていたストレスで、「わが心神《たましい》を傷ましむることなかれ」という六根清浄祓の言葉にそむいて、一霊四魂を傷めていたのでしょう。

その間、古神道気功やヨーガの行法を駆使して、何とか自力で治そうとしましたが、多少気分はよくなっても、また高熱に戻るということの繰り返しでした。さすがに「ただごとではない」と心配した妻に付き添われ、入院の支度も整えて、タクシーで救急病院に行きました。そこで医者から、

「急性肺炎ですね。そのまま入院してください」

と診断され、即入院となってしまいました。

その時、私にはお医者さんの言葉が、「古神道気功家、神道教師のプライドを捨てて、事態をあるがままに受け入れなさい」という神仏からのメッセージのような気がしました。

私は「ああ、そうだったか」と思い、現在の状況を受け入れ、肚をすえました。これを心理学では「受容」といいます。困難打開の第一歩は、起きている事態をあるがままに受容することなのです。抗生物質の投与によって、翌日には平熱に下がり、その後、症状が急速によくなりました。これには担当の医者も驚いていました。そして、二週間入院の予定が、一週間（肺炎の場合の最短の日数）で退院できたのです。

病気は「気づき・反省・学び」を与えるための厳しい教育者

入院中の一週間はとにかく何もすることがないので、私自身、自分の天命をじっくりと

時間をかけて考える絶好の機会となりました。私は一週間、病院のベッドで、「自分の天命」について深く考えました。「自己を見つめ直せ、天命に生きろ」という内なるメッセージを強く感じて、ようやく本格的に天命へと進み始める決意をしました。迷っている私に後ろから、「ドン！」と背中を押されたような感じでした。

考えてみますと、私は父親の病死、学生時代のストレス病と肺炎の二回の大きな病気をきっかけに、天命へ大きく前進しました。

不思議なことに、三十五歳の時の肺炎の入院を境にして意識が変わり、急激に易占的な霊能が出てきました。つまり、肺炎自体は苦しい現象なのですが、ある意味では霊的な病であり、次のステップへの〝ミソギ〟となったのです。

黒住宗忠も労咳（肺結核）の後、天命直授になりました。幕末日本の志士たちに多大な影響を与えた陽明学の創始者である王陽明も同じく、肺結核を患いました。天風哲学で有名な中村天風先生も、胸の病からヨーガに入り、心身統一法を編み出しました。

宗教の教祖の多くは大病や大厄の末に、神の啓示を受けて立教しています。松下幸之助翁は小さい頃に病弱でした。困難やピンチの時こそ、次のステップに移るためのバージョンアップのチャンスなのです。

肺炎にかからなかったら、私は会社員という安定した身分をすてて、専門の天命カウンセラーになっていなかったかもしれません。そうなると、私にとっては肺炎は「福の神」でした。病気も実は、内なる神仏からのメッセージであり、ルドルフ・シュタイナーが『カルマ論』（高橋巌訳・春秋社）でも指摘していますが、「気づき・反省・学び」を与えるための〝厳しい教育者〟なのです。

人間は健康な時や調子のいい時は外面にばかり意識が向いていて、「これでいいのだろうか」と自分を省みることはあまりしないものです。だから、病気の時こそ、自己の内面を見つめ直し、「気づき・反省・学び」をしようと思うことです。

病気で休んでいる時は、考える時間がたっぷりできます。その時間を使って、普段あまり考えない自分自身の心の偏りや生活習慣の改善、人生の目的(天命)、神仏、地球、大自然、先祖、自分の家族などに思いをめぐらせてみましょう。

ほとんどの病気は日常の生活習慣や食生活、精神的ストレスなど、自分の心身の不調和から起こります。人間には自己治癒力があり、生体のバランスをとろうとしますが、とりきれない場合に病気になります。さらに、病気には前世や先祖のカルマによって起こる要素もあります。長年の心身の生活習慣の偏り、ストレス、住環境、カルマなどが運気が下がる時期に、顕在化するわけです。

人生の責任はすべて我にあり、だから開運できる

ある面では、私にとっては三十代の前半が光を求めていた、最も苦しい時代でした。若気の至りで、さまざまな失敗もしました。しかし、なんとか傷口が最小限で済んだのは、大いなる守護があったからだと思います。

神秘学の世界では、霊的認識が深まると、十年で人相が変わるといわれています。私の三十代初めの写真を載せていますので、カバー掲載の現在（四十代）の写真と比べてみてください。その違いがはっきりとわかるはずです。

三十代初めの私

現在、私は天命カウンセリングの時、相談者に、

「守護の神仏は、人間がどちらに転んでもおかしくない状況の時、いい方にグッと押してくださるものなのですよ」

と説明していますが、それは私自身の経験から来ているのです。

東洋運命学を勉強して、自分が思っていた天命と四柱推命の運命星の「印綬星」の世界がぴたりと一致しました。「印綬星」

とは智慧、教育、研究、神仏、作家の星です。私は常に新しいものを生み出し、クリエイトしていく時に一番快感をおぼえます。その運命星を〝意識的に〟に伸ばして、現在の天命人間学へと発展させました。今までも、現在も、「守（基本）・破（応用）・離（新たなステージ）」を繰り返しながら進んでいます。

さて、本来の自分を抑えていたら、病気になるのは当然という話にもどります。私は入院している時、一つの信念が芽生えました。

「人生の責任はすべて我にある。自分の人生のあらゆる事柄は、すべて自分に原因がある。選択することも、行うことも、そして、環境も、すべて自分に責任がある。だからこそ、自分を成長させることで、環境も変え、開運もできる。

他人のせいにしている限りは、他人が自分の人生を支配しているのだから、開運することはできない。自分の責任において天命を歩んで、必ず開運するのだ」

人生の責任はすべて我にあるからこそ、自分の責任において〝自在〟になれます。自分の環境が不自由だと考えている人は、自分の心と行動に自分で責任をとって決断していない場合が多いのです。

他人のせいにしたり、自分で責任をとりたくないと思っても、結局、自分の人生は自分で責任をとっていくしかありません。むしろ積極的に責任をとっていこうとする時、道が開けてきます。

実は因果（カルマ）の法則とは〝完全自己責任の法則〟ともいえます。このカルマの法則は厳然とありますが、その法則だけでは人間は苦しいものです。そこに、自分の一霊四魂に縁ある守護の神仏の大いなる守護と後押しが働くわけです。

天命カウンセリングをしていて興味深いのは、成功者ほど「すべての責任は我にあり」と認識していることです。自己責任を認識している人ほど、守護の神仏が働きやすいということです。

成功の秘訣は「志を立てて、成功するまでやり抜く」こと

天命への信念のもと、会社をやめ、一度失敗した創造能力研究所を、捲土重来《けんどちょうらい》、ライフクリエート研究所として再発足させました。今度は「成功するかどうか」ではなくて、「成功するまで、とことんやる」という強い信念です。

志をもって天命をやるのだから、何とかなるという気持ちがありました（現在はライフクリエート研究所からさらに発展して、有限会社メンタルサイエンスとして事業を拡大しています）。

この時、手持ちの貯金は二十万円しかありませんでした。前年に、貯金をはたいてマンションを買ったばかりでしたし、占いの勉強費用などもかかったからです。しかも、引っ越した関係で妻は仕事をやめていたので、私が収入を得るしかなく、その上、月々の住宅ローンが重くのしかかっていました。まさに背水の陣でした。

「これから天命や神さまのことをやるわけだから、もし自分や家族が路頭に迷ったら、神はいない。自分が天命を一生懸命やれば、必ずなんとかなるだろう」

という気持ちで、自分の天命論にかけたのです。

まさに「身を捨ててこそ、浮かぶ瀬もあれ」という心境でした。しかし、なんのメドもなく始めたわけではありません。すでに、土日は行法や能力開発の講座を定期的にやっていましたし、本も一冊出して、少しは名前が知られてきていました。運命鑑定もマスターしたし、講座とカウンセリングでなんとか食べていけるだろうと思ったのです。

そのことを、神棚で産土の大神さまにお話しをし、氷川神社（スサノオノ尊を祭る）にいます鎮守の大神さまにもお話しして、後押しをお願いしました。

独立した直後、知り合いの人で声をかけてくれる人がいて、ラッキーなことにそこの外部スタッフとして仕事を任されたのです。それで、二、三カ月はある程度の収入を得ることができました。このように、天命への志があって本気で歩み出すと、縁ある人を通じて神仏が助けてくれるのです。神仏は「人と人との縁」をムスビして開運してくださるわけです。

半年ほどでカウンセリングも軌道に乗ってきて、新しい本も出せました。私の仕事が軌道に乗ったら、不思議とその声をかけてくれた所とは縁遠くなりました。

現在、あなたが天命をやっていなくてもいいのです。「天命に向かって歩んでいく」という志をもって歩み出していくことです。そうすれば、自分が好きになってきます。私自身もそうでした。自分の天命を生きているからこそ、いろいろな失敗も含めて過去が肯定できたのです。

「若い頃のいろいろな失敗や苦労、悩みというのも、実は天命に必要な学習だったのだ」ということがわかってきます。

そういう意味では、自分の天命をはっきりと自覚して、その方向に進んでいくことが、自分を好きになるために大事なことです。さまざまな過酷な修行を行うのではなく、自分の天命に向かい、大きく歩みだす時、自ずと一霊四魂の力が内から湧き出てきます。

オーラ視覚法から、「うぶすな」の世界を再発見する

さて、神さまのことを通して世の中のことをなんとかしたいという志が強かった私です

が、最初の頃のカウンセリングでは産土さまの話はありませんでした。最初は古神道の秘伝行法をメインにして指導していたのです。

しかし、現実の生活で秘伝行法を行うのはむずかしく、普通の人は日常に流されてやらないのです。それで、「神社に関係する開運法がほしいな」と思っていました。

初期は、人気の高いオーラの視覚法講座をよく開きました。私がオーラの視覚法講座を二十回以上開催した中で、受講者の後ろの方に、パッと光が出てくる場合がよくありました。後ろのオーラが厚い人は、本人に聞いてみると、先祖や神仏に手を合わせている人なのです。ご先祖さまの後ろになんらかの神霊が見える時が時々あったので、「どなただろう?」と思っていたのですが、ある時、ハッと気づきました。

「あの光の存在はもしかしたら、産土の大神さまやそのお使いではないか」

産土の大神のことは神道では昔からいわれていますが、働きがよくわかっていませんでした。実は光の存在は「うぶすな」の世界の存在だったのです。それがわかってから、オーラの視覚法講座の時に産土さまにお祈りすると、背後から青い光がサラサラと来ます。そして、オーラが大きくなります。いろいろなお祈りをさせてみて、守護の神仏のご開運のお祈りをすると、高次のエネルギーが〝サラサラ〟と降り注ぐことがわかりました。私が産土信仰が大事だと思ったのも、このような体験から来ているのです。

そこで、カウンセリングの時、産土神社にお参りを勧めるようにしたところ、良い結果が出たという報告が相次ぎました。それで、「これはイケル！」と思い、産土さまの働きをくわしく調べました。

「うぶすな」は自分のふるさとの神仏なのですから、特定の宗教には関係ないし、誰でも違和感なく拝めるはずです。考えてみれば、自分の生まれたところの守り神なのですから、自分に最も縁があります。先祖の墓も産土さまも同じ故郷だから、先祖と「うぶすな」が結びつきます。

日本人の死生観では、山の山頂に神がいて、中腹に先祖がいて、里に人間がいるという構図があります。それと、オーラ視覚法での体験と、実際に神道フーチで調べた結果が一致したのです。昔ながらの「おかげ様」とか「お天道さまは見てござる」という概念が、合致しました。それらがだんだん発展して、「宇宙の大いなる意志」から人間に大河のようにつながっていることが現在、わかってきました。詳しくは第4章で述べます。

「神仏のご開運を祈る」ことで、自分自身が開運してきた

私自身が開運した決め手は、天命と産土信仰、「神仏のご開運を祈る」ということを行っ

たからです。この頃から、黒住宗忠の提唱している「神のご開運」をみんなに少しずつ話し始めたのです。「うぶすな」のことがわかってくると、ご開運の意味もはっきりとわかってきました。

ある時、神棚で私自身の産土の大神さまのご開運を祈っていました。すると、産土の大神さまから、私の頭をナデナデしてもらったような、なんとも安心感のある感覚がありました。一種の安心立命の心境になりました。

その時に、

「ああ、これが神のご開運を祈ることなのだ。産土の大神さまは、私のたましいの親神なのだ。黒住宗忠は神をはっきりと親だと実感したから、神のご開運を祈るということを提唱したのだな」

とわかったのです。

同時に、体感レベルで「神は親だ」ということがわかりました。親だから、私たち人間は神のご開運を祈るわけです。神を本当に自分の親だと実感できた瞬間、神のご開運を祈るということの意味がはっきりとわかりました。その時に、産土信仰と神のご開運を祈ることが、車の両輪となりました。

人間が神さまのことをわかろうと思うと、ちゃんとわかるようになります。私も最初は、神社に行っても神さまの波動がわかりませんでした。だから、わかろうとして語りかけました。すると、波動となって、神さまが答えてきたのです。

空亡（天中殺）・厄年が重なった三年間でスパイラルアップする

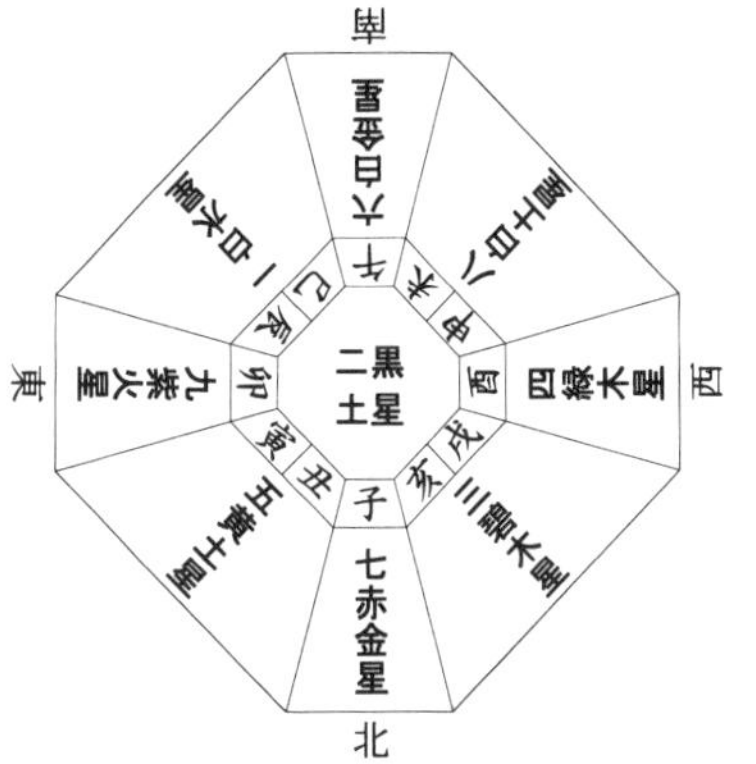

平成10年の年盤

開運カウンセラー（当時は天命カウンセラーという意識まではなかった）や古神道指導者として軌道にのってきた時に、空亡（天中殺）・厄年を迎えました。私にとって平成八年、九年、十年が人生の勝負の時でした。大きなターニングポイントであり、スパイラル（螺旋）アップの期間でした。

私は昭和三二年生まれです。平成八年は四柱推命でいう最低の運気の空亡（天中殺）の年でした。九星でも「東北」の変化の年であり、通常の占いでは良くない運勢です。九年も空亡で、前厄でもありました。十年が空亡ぎみで本厄でした。九星では「北方」、つまり困難、悲しみの象意がありました。これだけ重なると、肚をすえるしかありません。

神道の先人たちはこの空亡・厄年の時に、大難に陥って、陰極まって陽に転じました。そのパターンはなんとか避けたいので、逆に〝積極的ミソギ〟をして攻勢をかけることによって、次の段階に入りたいと考えていました。

「陰極まって陽に転ず」から、「陰極まる前に、とっとと陽に転ず」ことにしたのです。カウンセリングでも、「厄年＝役年」論を積極的に使っていました。厄年や空亡の時は、地球、神仏、大自然、人類、先祖、社会の役に立つことで、困難を克服できるという理論です（第7章で詳述します）。これを自分で実証しようと思いました。

空亡・厄年の三年間はトラブルや困難に見舞われましたが、むしろそれをきっかけとしていろいろな開運法を編み出しました。平成九年は「南方」に私の本命星（七赤金星）が来る年です。南方（九紫火星）には明らかになるという象意があります。今まで行ってきた各種の開運法が明らかになり、最終的に「神人和楽プロトタイプ」（詳しくは『時霊からの警鐘』コボリ出版刊を参照）にバージョンアップしました。

私が空亡（天中殺）・厄年の時も、プロの占い師が数人、私の開運カウンセラー養成個人指導を受けにきていました（現在は天命カウンセラー養成クラスになっています）。プロの占い師ですから宿命・運命はわかるけれど、開運法があまりないので、古神道の開運法を私に習いにきていたのです。

私はそういう時、わざと自分の誕生日を教えます。彼らはプロゆえに、次のような話になります。

「山田先生、現在の先生の運勢を鑑定すると、たいへん悪いですね」

「まあ、そうですよ」

「でも、先生を見ていますと、運勢が悪いようには見えませんが」

「たしかに、いろいろトラブルはありますよ。でも、ボヤのうちにとっとと消して、むしろそれをきっかけに、新たな開運法を編み出しているんですよ。指導する側の私が従来の運命学の通りに、悪い運命になるわけにはいかないでしょう（笑）」

「そうですね。だからこそ、習う価値があります」

後章で教えている開運法は、このワースト三年間に、それまでの開運法を自分を人体実験にして改良したものであり、この後に公開する超バージョンアップした私の体験を加味したものです。いろいろあっても、最後はハラをくってやればいいのです。逃げたくなった時にこそ逆に、一歩前に出ることです。そうすると、道が開けてきます。

「開運指導者として、意地でもこの三年間を乗り切るぞ。それには、私がいないと神さまが困るような人間になれば大丈夫だ。私という人間がつぶれたら、神仏が他に代わりがいなくて困ると神仏に思わせるような人間になろう。そうしたら、神仏が生かしてくれるだろう」

平成八年から、本格的に神社の由来書を書き出して、神社そのものを甦らせるのだという、今までの神道家とはまったく違う世界に入りました。

「神のご開運を祈る」から、「神社のご開運をしていく」に発展する

平成七年は阪神・淡路大震災や地下鉄サリン事件もあり、日本人のアイデンティティーに陰りが見えたので、私は世の中に積極的に先人の智慧を知らしめたいと強く思いました。先人の業績を再評価していく第一弾として、『太陽の神人・黒住宗忠』（たま出版）を書きました。

黒住宗忠は幕末の不世出の神人です。親孝行であった彼は、「生きながらにして、神となろう。それが最大の親孝行だ」という大志をいだいて、修行しました。しかし、両親の急死によって、たいへんな悲嘆にくれ、当時の不治の病である労咳（肺結核）におかされます。そして、明日をも知れぬ生命となってから、肚がすわり、「三次の日拝」によってヨミガエリました。

文化十一年十一月十一日（冬至であり、彼の三十五歳の誕生日）に日の出の太陽に向かって日拝をした時、天照大御神と合体するという大いなる神秘体験が起きます。そのことを、宗忠は「天命直授《じきじゅ》」と認識しました。彼はそれから、病人を癒し、鎮魂の大道を世に伝えました。

天命とカルマは陰陽関係になっており、カルマの中に天命への方向性があります。両親の病死や彼自身の病気という苦難を乗り越えたからこそ、天命直授の後、病気治し（ヒーリング）を得意としたのは必然なのです。

私はいろいろな霊能者とつきあう中で、審神（サニワ）の大事さがわかってきていました。そして、私自身が黒住宗忠をサニワしてみて、「ホンモノだ」と判断しました。「最初がベスト」ですから、神道ムーブメントのさきがけである黒住宗忠の思想を再評価して、もう一回構築し直した方がいいのではないかという意図でした。産土さまの認識と研究が深まったことで、神のご開運を祈るという意味について、前述の一種の悟りがありました。その時に、決意しました。

「神のご開運を祈るということを多くの人に伝えよう」

さらに、「神のご開運を祈っているだけでは限界がある。やはり、実際に神社のご開運をしていこう」というように進んでいきました。神社の中にはすっかりさびれているところもあるし、神威の落ちている神社も多いのです。突き詰めてやっていくうちに、神さまに元気になっていただきたいと祈るだけではなく、実際に〝神助け〟していこうということになってきました。神仏助けをすることが、人間を助けることになるのです。

御神威輝《みいづ》く神社になってもらうには、まず、神社をきれいにしなければなりません。ケガレがあったら、祓い清めればいいのです。祓い清めるにはどうしたらいいか考えた時に、祓戸《はらへど》の大神さまと光の大龍神さまの祓い清めのバージョンを編み出しました。

さらに、神社に「光の神柱を立てる」ことへと発展しました。光の神柱を立てるというのは、天地に光のバイパスを通すことで、神社に光を与え、神々の御神威が輝くようにすることです。

その頃、「天体神」と「神話神」という概念が出てきました。天の岩戸開きの時の天照大御神は神話神としての神であり、太陽そのものである天体神の天照大御神という新しい見方が出てきました。それがさらに、「太陽の大神・太陰の大神・太一《たいつ》の大神」へと発展しました。

ご開運を祈るということを、私が「実感」したから、次に進めたのだと思います。神社のご開運も、それを通じて日本や地球が良くなるようにという願いでやっています。

私は、神社や鎮守の森そのものを復興させるのだという市民運動をめざしました。特に、鎮守の森を復興させようという動きになった時に、スサノオノ尊が植樹の神、植林の神だったというモチーフが浮上してきました。

そこで、「神社神道と古神道とエコロジー神道が、三位一体になったらいいのではないか」という発想が生まれて、守護神社ネットワークの発見に結びついていきました。同時に、総鎮守、一の宮、国魂といろいろなものがわかってきて、最終段階として〝産土の大神の総元締め〟としての地球神クニトコタチノ大神のご開運という世界にまで拡がりました。

こうして、平成七年頃から、それまでの古神道のヨミガエリという視点から、産土神社のご開運活動へと流れが変わってきたのです。

本厄の時、私の〝志〟に応えた形で大いなる神秘体験が起きる

平成十（一九九八）年、本厄を迎えた年、私自身に大いなる神秘体験が相次ぎました。七月には千手千眼観世音菩薩《せんじゅせんげんかんぜおんぼさつ》との感応がありました（その一年後に、十一面千手千眼観世音菩薩のワケミタマをいただきました）。

そして、八月に突然、三貴神のお一方であるスサノオノ尊から、

「自分（スサノオノ尊）のウツシミタマ（ワケミタマ）になってもらいたい。眠っている

神々のご開運と、神社の掘り起こしをしていただきたい。そのための力を授けます」

というオファーがありました。三貴神とは天照大御神、ツクヨミノ尊、スサノオノ尊です。スサノオノ尊は私の産土の大神でもあるので、親近感はありました(ワケミタマをくださったスサノオノ尊と、私の産土の大神であるタケハヤスサノオノ命は同系統の別神です)。

彼のオファーは私が今後、本格的にやろうとしていた内容にも合っています。そこで、私はスサノオノ尊に三つの条件を提示しました。

①ワケミタマになっても、私は私のままでいたい。

②神の下僕やロボットにはなりたくない。対等のパートナーとしてなら。

③スサノオノ尊が植林の神として活躍するのなら。

その三つの条件をスサノオノ尊がすべてOKしたので、ワケミタマになることを承諾しました。これは同時に、私がその神霊を審神（サニワ）することでもありました。サニワとは降臨する神霊の真偽、働きをジャッジする古神道の鎮魂帰神メソッドです。高級神霊ほど人間の意志を尊重します。サニワについては、第7章で説明します。

ワケミタマになるのを承諾する際、私が「三つの条件」を出したのは、ワケミタマになる前からすでに古神道家としてのアイデンティティーがあったからです。自分の天命を歩んでいくという信念があったので、自分の天命に添う形態ならば応じてもよい、という気持ちでした。ワケミタマになった時の詳しい経緯は『バージョンアップ版神社ヒーリング』（たま出版）に書いてありますので、そちらをお読みください。

要は「神社のご開運をしていきたい」という私の〝志〟に、神縁のあるスサノオノ尊が応えたわけです。私の中にワケミタマが入ると、超バージョンアップが起きました。もともと神業は、天命カウンセリングの相談者が産土神社に参拝したり、産土の大神さまに祈った時、相談者がきちんと〝おかげ〟をいただけるように神様の御神威をパワーアップできれば、という意図もありました。

ワケミタマになって一番変わったのは、警蹕《けいひつ》です。皆さんの中には、神社のお祭りの時、神職が「オーッ、オーッ」という声を出しているのを聞いたことがある人もいることでしょう。私の警蹕は古神道の修行をしていたので、もともと相当に長いのですが、バージョンアップ後、声の質というか、バイブレーションがまったく変わり、モンゴルの「ホーミー」や雅楽の筝《しょう》のような独特の音律になりました。〝原初の響き〟とでもいうべき不思議な声になったのです。

私の警蹕を聞くと、「まったく人間技とは思えません。本当に神さまって、いるんですね」と驚く人もいます。また、祝詞も「神が神に奏上する」という古神道の理想形の祝詞になりました。

それは私の志と神仏の願いが合致したからこそ、起きた現象だと思います。私の「神仏のご開運をしたい」という思いと、神仏サイドの「神仏の開運をしてくれる人間がいれば助かる」という思いが、共鳴・同調したわけです。

ワケミタマになったことで、それまでの神社での祓い清めや、神柱を立てるのが驚異的にパワーアップしました。そこから、まほろば研究会の会員有志とともに、本格的な神業を展開していくことになります。

自分の本体神「直霊《なおひ》の大神」と合体する《最大の神秘体験》が起きる

私はスサノオノ尊のワケミタマになった後も、継続的に大いなる神秘体験があり、一年が過ぎた一九九九年八月に、なんと直霊の大神（自分の直霊の本体神）さまから、次のようなメッセージをいただきました。

「あなたの直霊の座に入り、現世でともに働きたい」

従来の古神道や宗教の世界では、神仏のワケミタマをいただいて、大いなる力を発揮するというパターンは多数ありました。しかし、ワケミタマはあくまでも〝別の神仏のミタマ〟です。

最初のスサノオノ尊のパターンはそういう意味では従来型でした。しかし、自分の本体神との合体は、いままでにはあまりないケースでした。これは古神道の一霊四魂論の大いなる発展形であり、ワケミタマとは次元そのものが違います。

一霊四魂がハイアー・セルフだとすると、直霊の大神さまは「スーパー・ハイアー・セルフ」になります。つまり、縁ある神のワケミタマの世界から、自分のご本体神との合体へと進んだわけで、新たな次元へとレベルアップしたのです。

私の直霊の大神は当然、スサノオノ尊と神縁深い神であり、イザナギノ大神、イザナミノ大神さま以前の地球的規模の大神さまでしたので、私もさすがに驚きました。直霊の大神の存在については、一年間のさまざまな神業を通して認識していましたが、私自身の直霊の大神と名乗る神となると、あまりに偉大なご存在なので、逆に慎重になりました。

スサノオノ尊は人間に近い神なので、ワケミタマになる時は、

「自分にも先人と同じような神秘体験が起きるのか」

と思ったくらいでしたが、今回はさすがに熟慮を重ねました。

こういう時は、より綿密な審神（サニワ）が大切です。何度もサニワして、「間違いない」という確信を得ました。同時に直霊の大神さまと合体する方が、私の目標である「地球の調和、美しい大自然、人類の平和」に貢献できると思い、合体を承諾しました。

ここに、直霊の大神と合体するという《最大の神秘体験》が起きました。私の警蹕に合わせて、私の直霊の大神さまは〝光体〟となって、私の頭頂のサハスラーラチャクラから入り、胸の中央にいます私の直霊と「ズンッ」という感じで合体しました。黒住宗忠の「天命直授」も似たような体験だったことでしょう（本書はあくまでも開運法を紹介する本であり、皆さんの興味がそこからはずれるのは本意ではないので、ここでは御神名は明かさないことにします）。

これは神人合一ではありません。その過程はワケミタマになった時と似ており、私は私のままだからです。ただ、これにより、多くの偉大な神仏の御力を駆使できるようになりました。

サニワ的視点でいいますと、頭頂のサハスラーラチャクラと感応する神霊は高級神霊とされます。

霊感のある女性が、次のような質問をしたことがあります。

「先生が体内から、直霊の大神さまを体外に大きく顕現させた時に、私の頭頂がビンビンしました。どうしてでしょうか」

「私の直霊の大神さまは地球規模の大神さまですから、あなたの頭頂のサハスラーラチャクラと感応が起きたのでしょう。サハスラーラチャクラは、神と人間の接点になるチャクラですからね。霊的世界もピンからキリまであり、高級神霊はサハスラーラチャクラやアジナチャクラ（脳の松果体や視床下部に位置する）と感応します」

前述のように十数年程前、一種の神秘体験があり、私の意識が天界へ昇り、巨大な自分の守護神にお目通りをしました。その時に、自分の本体神（直霊の大神）がいらっしゃるのではないかという思いが生まれていました。その本体神（スーパー・ハイアー・セルフ）との合体が現実化したわけです。

私は神人合一を目指したわけではありません。あくまでも天命を歩むことを第一にやってきたからこそ、地球の調和、人類の平和への〝志〟がこの神秘体験に至ったのだと思います。いずれにしろ、大いなる神秘体験も「うぶすな」の神仏の中で起きたわけです。

この数カ月後、再び私の周りが〝キラキラ〟と光輝く神秘体験が起きました。この時に、以前、私に起きた似たような神秘体験の意味がはっきりとわかったのです。つまり、その光は〝内なる神仏〟から発する光だったのです。

神仏の世界を超えた「宇宙の大いなる意志」を実感する

「宇宙の大いなる意志、大調和の光」の方向に向かうのが、それぞれの〝天命〟です。神仏も人間もそれぞれの天命、すなわち「宇宙の大いなる意志、大調和の光」の方向に向かうという目標は同じなわけですから、自然に、だんだんと合一していきます。

「天命への志ある者に大いなる守護が発動する」

この言葉は、私の体験から自然に出てきた言葉なのです。

実はスサノオノ尊の働きは、私の直霊の大神が表舞台に出てくるための先駆けというか、切り込み隊長のような働きでした。まず、スサノオノ尊が道を開き、それから地球規模の直霊の大神さまがお出ましになったのです。私が自分の直霊の大神さまと合体してからは、「尊」の神業から、地球規模の「大神」の神業になっていきました。

それまでの古神道のヨミガエリとか産土神社のご開運から、産土古神道へとつながりました。産土の大神から発展して、ルーツの神仏(広義のうぶすな)がわかってきました。さらに、自分の一霊四魂の活性化を通じて、セミナーの受講者に神性の顕現について指導していました。

そこから、天御光永遠大神《あめのみひかりとわのおおかみ》さま、天御光永遠大御神さま(二神とも超次元からの顕現神)、宇宙存在である妙見大神さま、地球規模の神々である国常立大神さま、アラハバキノ大神威さま、大山祇大神さま、天照国照彦櫛玉饒速日《アマテルクニテルヒコクシタマニギハヤヒノ》大神さま、さらに、大マハー・ヴァイローチャナ(キング・オブ・大日如来)さま、大マハー・アチャラナータ(キング・オブ・大

不動明王）さま、大マハー・クシティ・ガルバ（キング・オブ・地蔵大菩薩）さまをはじめとした仏尊のサンスクリットの原存在が、本格的に活躍されることになったのです。

一年後の二〇〇〇年、私にワケミタマをくださったタケハヤスサノオノ尊は一応の役割を終えて、私の身体から出られ、元の御座に帰られました。私自身も最初から、自分の直霊の大神さまと合体するのはとうてい無理でしたから、まずはワケミタマからということだったのです。

ワケミタマとしての働きも、最初のスサノオノ尊からタケハヤスサノオノ尊へ、そして直霊の大神の働きへと意識レベルが上がって、〝宇宙の中の地球〟という立場の意識、さらに「宇宙の大いなる意志」を前提とした意識へと進んでいきました。それに伴い、私自身の視野も大きく拡がっていきました。

「宇宙の大いなる意志」とは神仏の次元を超えており、神仏という属性もなければ、まったく姿・形もない、「宇宙の意志（叡智）」です。

宇宙自体が成長する意志をもつように、神仏も人間と同じく本来〝成りゆく存在〟であり、バージョンアップしていくものなのです。そこで、神仏の世界を超えた〝普遍的な基準〟が必要になります。

それが「宇宙の大いなる意志」なのです。「宇宙の大いなる意志」は〝生きとし生けるものの成長〟を願っています。私の場合も数々の神事や経験を通して、段階を追いながら、「宇宙の大いなる意志」が本当にあるんだと実感し、新たな思想が生まれてきました。私の思想はすべて、実感を通して得られた中で生まれてきたものです。

著者が超バージョンアップしてから、できるようになったさまざまな神術・秘儀

現在、私は超バージョンアップしてから、さまざまな神術を駆使したり、ニュー・メソッドを開発しました。その一部をご紹介しましょう。

光のマニ宝珠の大神

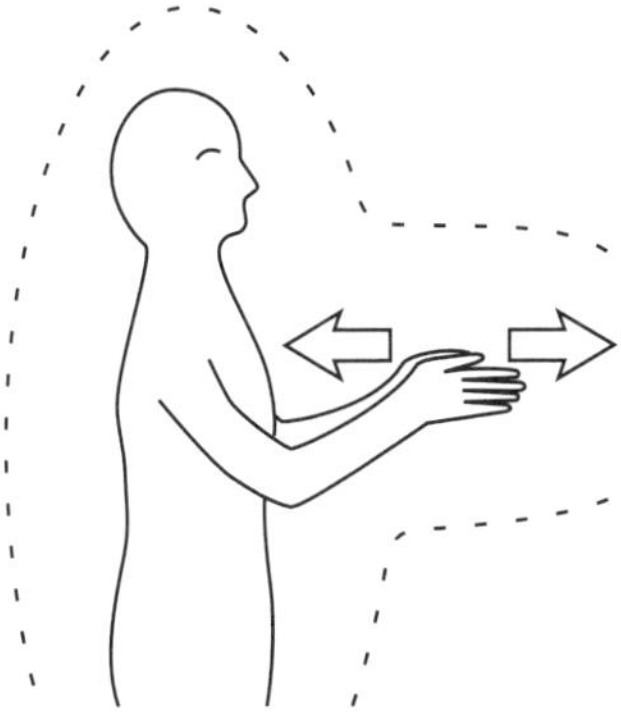

祈願力アップの超神術

本書は開運法を紹介する本ですので、一つひとつの詳しい内容は述べませんが、次の神術やメソッドが私の超開運法のバックボーンにあるのだと認識していただければよいと思います。

〔各種講座での一般の方への伝授〕

○時霊《ときたま》の大神・空間の大神の合体技による「祈願力アップ」の超神術

時霊の大神さまや空間の大神さまは文字通り、時間・空間の神々であり、「宇宙の大いなる意志」に近いご存在です。その偉大な神々の御力によって、本人の意識と一霊四魂が同時に、祈りの光を発することができるようになる神術です。神仏への祈りがダイレクトに通じやすくなると同時に、本人の内在の神仏(一霊四魂)にも光を与えます。

○守護の神仏や先祖霊団、守護霊をパワーアップする光

のマニ宝珠の大神

大国主大神さま、大弁《だいべん》功徳天《くどくてん》さま、薬師瑠璃光如来さま、十一面千手千眼観世音菩薩さまをはじめ二十以上の偉大な神仏の御力の入った「金色の神玉」です。場の浄め、心身の活性化、守護の存在のパワーアップにとても有効です。

○不老長寿の仙薬の入りたる光のマニ宝珠の大神

特に健康面の効果が高い光のマニ宝珠の大神さまで、東洋医学やレイキなどの各種ヒーリングと連動させるととても効果があります。

光の大龍神

○陰陽二体の光の大龍神による神社、お寺、家の祓い清め

著者の直霊の大神さまをはじめとした大神たち配下の「陰陽二体の光の大龍神さま」を駆使して、神社、お寺、家、職場などの祓い清めができます。通常は龍神を駆使できるのは限られた人たちだけでしたが、「天の時」になり、一般の人にも伝授できるようになりました。

○神社やお寺に光の大榊《おおさかき》と光の大蓮華《だいれんげ》を立てる

これは、陰陽太一の三本の神柱を立て、さらに光の大榊と光の大蓮華を立てる「神社とお寺のご開運メソッド」です。「天界・地上界・地底界」を光で結ぶ神業メソッドです。これを行うことで、神社やお寺の場がだんだんと整い、神仏が元気になっていきます。これらの神業によって、産土神社や鎮守神社に参拝した時、参拝者が〝おかげ〟をいただきやすくなります。さらに、後の章で紹介する開運法がより効果的になり、皆さんが「超開運法」として活用できるようになるのです。

○ククリヒメノ大神の陰陽のご神体

宇宙的神であるククリヒメノ大神さまのもつご神体です。さまざまな神仏の力を〝倍加できる陰陽のご神体〟で、場の清め、活性化を行うことができます。

これらを伝授することで、「神社仏閣のご開運」運動を行い、自らが徳を積むことができるようになります。そして、神仏助けをすることで、自分がさらに開運していけるようになります。

〔著者の個人技〕

○「宇宙の大いなる意志」の大調和の光を神仏に与える

宇宙の元音「十字真言」に乗せて、「宇宙の大いなる意志」の大調和の光（一種の情報）を神仏に与えます。

○天御光永遠大神《あめのみひかりとわのおおかみ》、天御光永遠大御神による神仏のご開運

「宇宙の大いなる意志」に近い超次元よりの顕現神であり、〝神仏にとっての神〟とも言える天御光永遠大神さま、天御光永遠大御神さまの偉大なる光によって、弱った神仏を本来の姿と力に戻します。これにより超開運法がより効果的になっていきます。

○直霊の大神やワケミタマの顕現

私の身体内にいらっしゃる十以上の神仏の御力を顕現させて、さまざまな神術・秘術を駆使しています。

○十一面千手千眼観世音菩薩の観音力

私がよく駆使する得意技で、十一面千手千眼観世音菩薩さまの大慈大悲の妙智力を使って、さまざまなヒーリングや神仏・諸霊のパワーアップを行います。

○労宮や湧泉のツボを開いて、頭頂から足の裏までに「光の中脈」を立てる

手の平の労宮《ろうきゅう》と、足の裏の湧泉のツボを開きますと、体内から邪気をスムーズに出すことが出来ます。また、「光の中脈」を立てることで、集中力がつきます。

○光の生体樹を立てる

神社のヒモロギの人間バージョンで、「光の中脈」を発展させて、天と地底まで光の神柱を立てます。それを光の生体樹にして、天と地の神仏の光が身体とおかげ様に流れるという独特の方法です。

○特別セッション

受講者の守護の神仏のご開運（パワーアップ）と前世・先祖のカルマの昇華をする特別セッションを行っています。古神道の鎮魂帰神法の超バージョンアップ版で、光の十方結界の中に、守護の神仏や本人に縁ある神仏をお呼びして、直接的に神仏をご開運するという画期的な方法です。

本書には〝神さまが話されたこと〟が出てきますが、これは私が直接神さまにうかがったものと、特別セッションのパートナーであるFさんを通してうかがったものの両方があります。二人で行うことで、審神法としてチェックをしているわけです。

文章で書くと、よくわからないとは思いますが、要は古神道や密教の秘儀、中国の元極功法を二十一世紀型に超バージョンアップしたものです。ただし、これらのことはあくまでも〝方法論〟です。

私の天命はあくまでも「陰陽調和された地球、美しい大自然、地球人類の平和」のために活躍する人材の育成、生命哲学としての「天命人間学（特に一霊四魂論、天命論、カルマ論）」と地球神道の確立です。平成十一年、アメリカ合衆国のホーソン大学からPh.D.（ドクター・オブ・フィロソフィー・イン・サイコロジー＝心理学博士号）をいただいたことで、私は、その態勢をさらにしっかり整えることができました。

プラスαとして、〝神仏のご開運〟をしています。さらに、後世の人たちに向けて、「天命人間学」と「地球神道」「地球密教」を実践と著述を通して提示することも天命にしています。私は神仏との深い交流の中で、むしろ〝思想〟が大切だと強く思っています。

空亡（天中殺）・厄年が終わり、超バージョンアップが起きた私は、天命を歩めば、運命を超えられることを実感しています。私の体験を紹介したのは、天命への志がいかに神仏を動かすかということを、読者の皆さんにわかっていただくためです。

天命は自立・自力の世界です。しかし、自力だけでは、人間は不安ですから、自分のルーツの神仏にバックアップしていただくわけです。天命と守護の神仏が調和することで、車の両輪のように前に進めます。こういう経過を経て私が得た、「読者の皆さんが自分でできる超開運法」を次の章から、さらに説明していきましょう。

第4章

ハイアー・セルフ顕現法「自神拝《じしんぱい》」と「うぶすな」の守護システム

自分の運命を開く最大の秘訣は「自神拝」にあり

この章では、ハイアー・セルフ顕現法「自神拝《じしんぱい》」と「うぶすな」の守護システムについて、述べていきましょう。産土の大神を〝狭義のうぶすな〟だとしますと、御祖《みおや》の大神をはじめとしたルーツの守護の神仏は〝広義のうぶすな〟にあたります。「うぶすな」の守護システムは、自分の一霊四魂が中心核になっています。

人間は、直霊《なおひ》を中心とした一霊四魂《いちれいしこん》という〝内なる神仏〟を宿した存在です。一霊四魂は現代風にいいますと、ハイアー・セルフ（higher-self ＝高次の自己）です。

私は「うぶすな」の説明で、「幸福の青い鳥は自分の家の中にいる」という話を引用しましたが、自分の一霊四魂は「幸福の青い鳥は自分の中にいる。それが一霊四魂である」と説明できます。大いなる開運は内なる神仏「一霊四魂」にかかっています。

自分の運命を開く最大の秘訣は「自神拝」にあります。自神拝とは一霊四魂という内なる神仏をはっきりと自覚して、内在する力を飛躍的に高める古神道の最奥義のハイアー・セルフ顕現法です。

○直霊《なおひ》――内在の神仏の中心的存在。その直接の霊統神が「直霊の大神」であり、直霊の大神と産土の大神が表裏関係になる
○荒魂《あらみたま》――この世に現象化をもたらす働きをする内在の神仏
○和魂《にぎみたま》――調和、統合する働きをする内在の神仏
○幸魂《さきみたま》――智慧、洞察力を司る内在の神仏
○奇魂《くしみたま》――奇しき力（奇跡、超常的パワー）を司る内在の神仏

最近、すべての中心軸は一霊四魂であるという実感をもっています。自分の守護の神仏は、すべて自分の一霊四魂に縁ある存在なのです。自分の直霊を分けてくださった神さまを「直霊《なおひ》の大神」といいます。現代風にいいますと、スーパー・ハイアー・セルフです。

直霊の大神と産土の大神とは、〝表裏の関係〟にあります。直霊の大神と産土の大神が、ほとんど同じ神さまだという場合もあります。その土地に生まれたのは偶然の結果ではなくて、産土の大神と直霊の大神の縁でその土地に生まれ、さらに前世や先祖の縁の中でその家に生まれてきているということです。

逆にいうと、産土さまがわかってくると、自分の生まれてきた目的、天命が見えてきます。本体神（直霊の大神）と関係するわけですから、推測できます。内なる神仏である一

霊四魂と守護の神仏たちが、あなたを天命へと導いてくれるのです。内と外の神仏の調和によって、神性が顕現していきます。

天命とはあなたに内在する神仏「一霊四魂」の願いである

従来の運命学は宿命・運命ばかり観て、その上の天命を考えなかったので、大きく開運させることができませんでした。宿命・運命を超えて開運していくには、天命に心を向けて、天命を歩もうとすればよいのです。

天命とは内在の神仏である「一霊四魂」の願いです。宿命・運命は天命をはたすためのそれぞれの〝環境〟であり、〝条件〟だと考えられます。たとえば、二十世紀末の日本人に生まれたということは、そこに自ずと、新しい時代を生み出すための大天命をもっているということです。

「天命・宿命・運命」は次のようになっています。

□**天命**――人生の目的、生き甲斐、自分のアイデンティティーの根源

大天命――陰陽調和された地球、美しい大自然、地球人類の平和

個天命――大天命をはたすための個人の役割（生き甲斐・天職）
□宿命――今世で天命を歩むための環境、条件（時代、民族、性別、親、家庭環境）
□運命――宿命という環境、条件の中で、本人の行動、考え方で変わる。生まれてから変化するもので、開運法によって変えることができる

宿命は、「命が宿る」と書かれますように、時代、民族、性別、家族など自分では変えられないものです。現代と江戸時代ではまったく環境がちがいますし、日本人に生まれた、男性・女性に生まれた、両親、金持ちの家・貧乏な家に生まれたという事実も基本的には変えられません。つまり、この世での出発点が「宿命」になります。

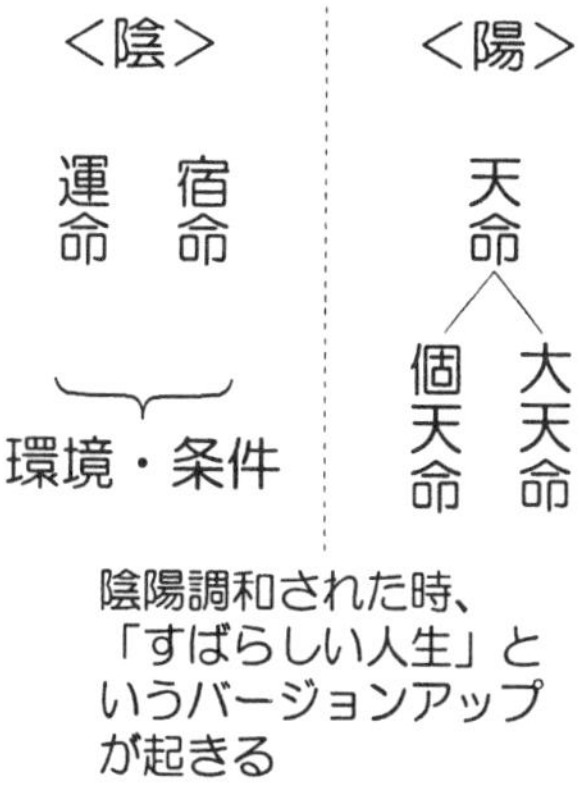

運命とは、宿命の中で自分の行動・思い・有り様によって変えられるものです。開運というのは運命を開くことであり、開運法とはそのためのさまざまな方法です。

それに対して、天命はまったく次元が違います。古神道的視点からみますと、人間はみな、この世に「高

天原」を顕現するという尊い目的（大天命）をもって生まれてきています。世界平和、仏国浄土といってもいいでしょう。

大天命とは大きな意味での天命で、人類にとっての天命です。私は「陰陽調和された地球、美しい大自然、地球人類の平和」のために、少しでも行動を起こしていくことを二十一世紀の人類の天命だと考えています。

物質世界をもって、大調和の光輝く世界にしてほしいというのが「宇宙の大いなる意志」の願いであり、神仏の願いでもあります。そして、大天命をはたすために、それぞれの人間にとっての個天命があります。

本書で「天命」といった場合は、「個天命」を指します。天命は「好きこそものの上手なれ」で、自分の経験、得意分野を活かして、地球や大自然、社会に調和をもたらす働きをすることであり、またそれは、自分にとっても面白く感じられるものです。

自分の得意分野を活かして前の三つの項目のために活動していると、それが生き甲斐になります。生き甲斐を感じて行っていくものを、さらに天命へとバージョンアップさせていけばよいのです。

天命とは志ある生き甲斐であり、アイデンティティーです。人間には、自分や物事の存在意義を明確にしたいという欲求があります。誰でも生まれてきたからには、自分の人生がまったく何の意味もない、何の価値もない人生だと思うような生き方はイヤでしょう。

天命は具体的には、「天職・素質・適性・生き甲斐」という形をとります。素質は誰でももっています。それに気づいていないだけです。農業、料理、教育、政治、経済、環境、芸能、美術、治療、スポーツ、健康、ボランティア、ITなどさまざまなジャンルでそれぞれの才能をもった人がいます。私のように精神の分野の人もいることでしょう。世の中はいろいろな人が集まって、地球の調和や大自然、人類のためにそれぞれの働きをしてこそ、社会がよくなります。それを「うれしく、おもしろく」行うということです。

ポイントは、神仏は天命を行っている人だけを守護するのではなく、《天命に向かって歩み出している人》に大いなる守護を発動するということです。なぜなら、人間が天命を歩むことは神仏の願いだからです。私自身も、自分の天命を自覚し、その道を歩んでいくようになってから、開運してきました。

さらにいうと、天命を歩む時、自分の内在の神仏（一霊四魂）が元気になり、縁ある守護の神仏の大いなる守護が発動します。そして、自分の一霊四魂と守護の神仏の後押しで、だんだんと運命を超えることができるようになります。こういう認識の上で、この章で紹介する自神拝をされると効果があがります。

自神拝は真言密教の極意「秘密荘厳心《ひみつそうごんしん》」に通じる

真言密教の開祖である弘法大師・空海は、悟りの境地を「入我我入」といいました。仏の中に我が入り、我の中に仏が入るということです。このハイアー・セルフの自神拝は「入我我入」なのです。

仏教には顕教と密教があります。顕教は「人が仏に祈る」ことを基本にしていますが、密教は「内なる仏が、外なる仏に祈る」ということになります。密教の極意とは、「内なる神仏」が、外なる神仏と共鳴・調和（感応）することです。「内なる神仏」と「外なる守護の神仏」が陰陽調和された時、大いなる感応が起きてきます。実は自分の一霊四魂を〝主座〟として、「一霊四魂マンダラ」ともいうべき守護の神仏がいらっしゃるのです。

弘法大師・空海は『十住心論』の中で、第十番目の「秘密荘厳心」という言葉で、最高の心の状態をあらわしました。「秘密荘厳心」とは、自己の心身は数限りない仏との不即不離の神秘的関係の中で生まれ、自分の心身は限りない仏の尊い世界に通じ、それと同等の荘厳なる価値があるというものです。

即身成仏とは、この身のまま仏と成るわけで、この「秘密荘厳心」こそ、自神拝の極意でもあります。

古神道は「神道の密教」ともいうべきものです。その最奥義である自神拝は内在の神仏を顕現させることと通じます。人間から神仏になるのではありません。「実は神仏であった」と自覚することなのです。

自神拝によって、自分のハイアー・セルフが共鳴してきて、自分の運命を超えて天命を生きれば、幸福な人生が送れるようになります。これは前世・先祖のカルマの昇華にも有効です。

オーラ・チャクラから、古神道の一霊四魂論へ

ここで、一霊四魂とオーラ、チャクラの関係について、述べましょう。

ヨーガではチャクラを重視しますが、チャクラはあくまでも器官（霊的エネルギー系センター）ですから、あまり使い過ぎると心身に変調をきたします。一方、一霊四魂は〝本体〟になります。自神拝は〝本体〟を顕現させる行法なので、安全なのです。

一霊四魂という〝内在の神仏〟の力を発する器官がチャクラになります。そして、チャクラを中心に発する生体エネルギーがオーラになります。

私自身も若い頃、チャクラを活性化させる行法をだいぶやりました。また、オーラ視覚法もいろいろ工夫しているうちにできるようになりました。

カウンセリングを始めた当初、精神世界の話が好きなある中小企業の社長さんを鑑定した時のことです。チャクラの話になり、試しに相手のチャクラをみることになりました。自分のアジナチャクラで、オーラ視覚法と霊視の中間くらいのチャンネルを使い、上から一つ一つチャクラをみていきました。すると、主に動いているチャクラはほかのチャクラに比べて濃く見えたり、チャクラからエネルギーを発している感覚がありました。

私は彼の胸のところに円い輪（まさしくチャクラ＝輪）が見えたので、アナハタチャクラタイプの特徴である外向的、楽天的性格、攻撃性、隣人愛、心臓・循環器系の障害といった話をしました。すると、ピッタシ当たっており、それからコツをつかんでチャクラの視覚法ができるようになりました。

しかし、私が調子に乗って、アジナチャクラを酷使した時、ガーンと目の奥に強い衝撃を受け、目がひどく充血してしまったことがあります。目はアジナチャクラに関係する経《けい》絡《らく》（気のルート）である膀胱経のルートがあります。

このような経験があったので、リスクのない方法を探究していくうちに、人間の内在する神仏である「一霊四魂」にたどりついたのです。そして、人間の内にはさまざまな神仏

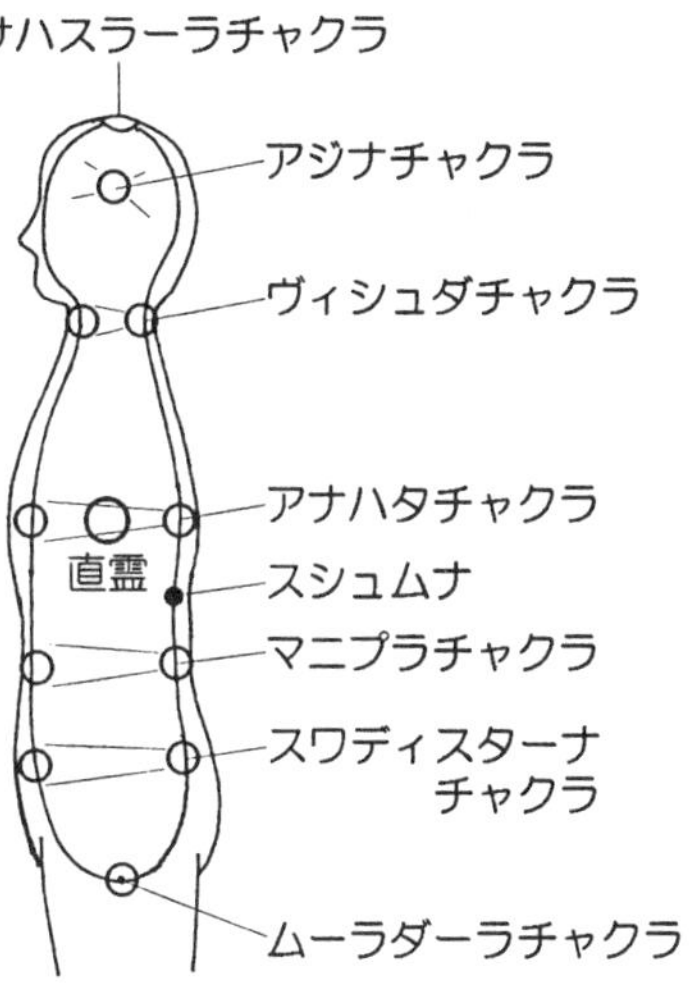

チャクラは背骨から前の方に蓮華が開いている

がいることがわかってきました。

一霊四魂は『古事記』において、天地開闢の別天神《ことあまつかみ》五神に対応しています。別天神五神の次に、神世七代となり、イザナギ・イザナミノ大神の国生みになります。ある意味では、聖書の天地創造の七日は、日本神話では神世七代にあたります。

現代風のハイアー・セルフが単一的イメージなのに対して、日本の一霊四魂はそれ以前の別天神五神的な五種類でとらえているところに神話との深い潜在意識的対応があります。

一霊四魂は東洋運命学の「五行」にも対応しており、身体的には一霊四魂に対応していくのが五臓などになります。五臓をはじめ、神経や脳細胞、経絡、ヨーガの七つのチャクラ、ナディー（霊的ルート）などの中にもそれぞれに〝身神《しんしん》と仏尊《ぶっそん》〟がいます。それらの内なる多数の神仏を統括しているのが、一霊四魂なのです。

自分の一霊四魂は地球や宇宙につながっている

人間は本当に小宇宙（ミクロ・コスモス）です。ミクロ・コスモスは意識の深奥に行けばいくほど、神仏、マクロ・コスモス（大宇宙）、最終的には「宇宙の大いなる意志」につながります。

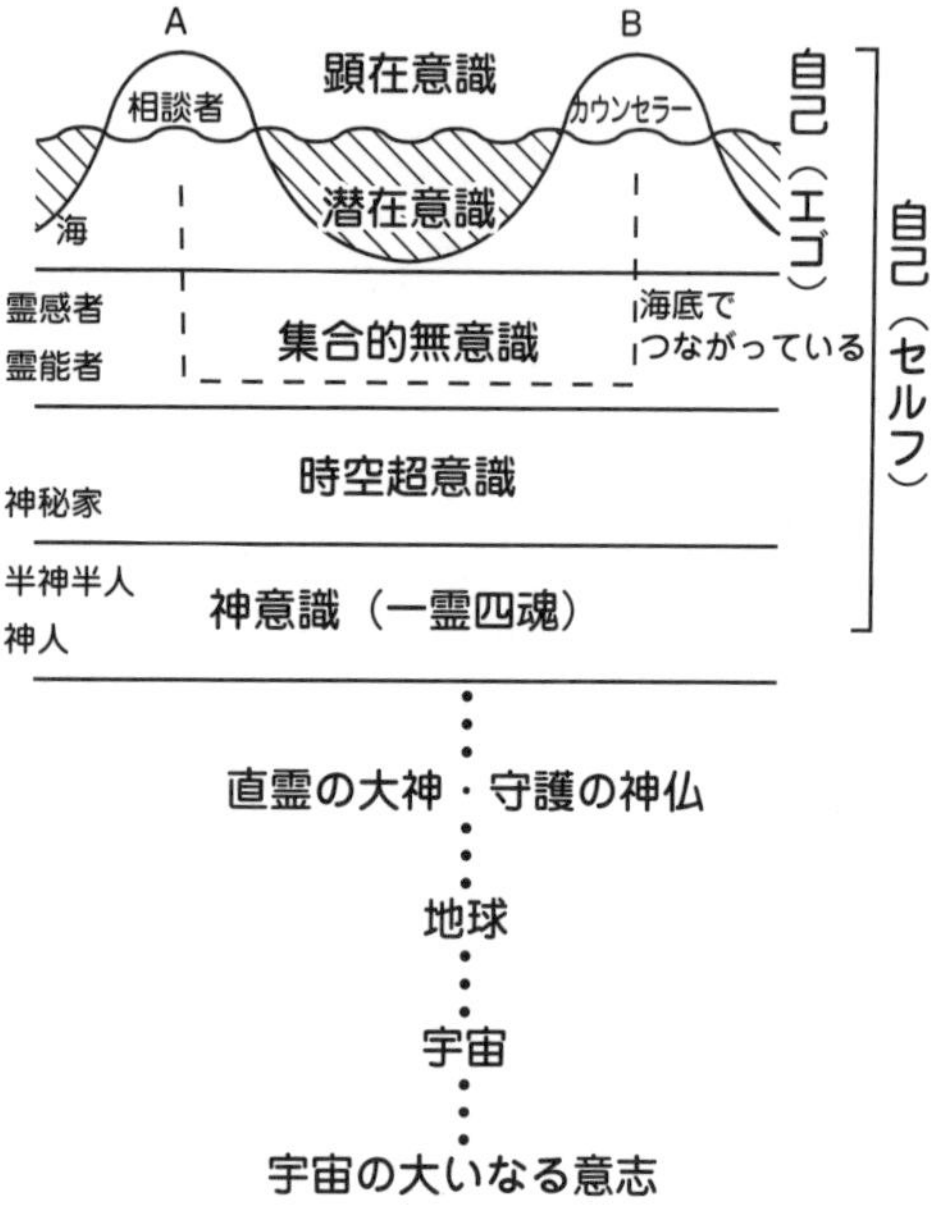

私たちの中の一霊四魂が、実は地球や人類につながっています。今、自神拝を勧めていますが、自神拝で自分の一霊四魂を拝むことが、人類の平和や地球の調和につながるのです。

神仏も一霊四魂をもっています。だからこそ、その〝分かれ〟である人間も一霊四魂を内にもっているのです。ある特別セッションにおいて、私はある神さまの〝神仏の一霊四魂〟をご開運した時、その神さまの一霊四魂を通じて連鎖的にさまざまな神仏に、限りなく広がっていったという経験があります。その後、神さまにうかがうと、笑いながら次のように答えられました。

「一霊四魂はそれ自体で終わりではなく、ちょうど分子が同じ分子と連鎖していくように、限りなく広がるのですよ。人間の一霊四魂も同じで、人間が自神拝を行うことが、地球そのものにも調和の働きをもたらすのです。

この自神拝と、あなたが考え出した光の天命思念魄《はく》によって、人間自らが地球に調和のためのエネルギー運動を起こすことができるのです」

自神拝を行うと自分だけでなく、一霊四魂ネットワーク（一霊四魂マンダラ）によって、自分に連なるさまざまな存在に光を与えます。自分の内在の神仏を顕現させることが、地球の調和に直結するというのはありがたいものです。黒住宗忠の道歌を紹介しましょう。

「天地《あめつち》の心のありか　たずぬれば　己《おの》が心の内にぞありける」

これは一霊四魂がそのまま天地、神仏につながっているということをあらわしています。

一番身近なところが、実は地球や宇宙につながっているのです。自分の一霊四魂が直霊の大神につながり、また、直霊の大神がいろいろな人に一霊四魂を分け与えていますから、その人たちにもいい影響がいくのです。そういう意味からも、自分の中の神仏を拝む自神拝を多くの人に実践していただきたいと思います。

「うぶすな」の守護システムは自分の一霊四魂ネットワークである

最近の私の研究において、この「一霊四魂論」の認識が深まるにつれ、人間と神仏の関係性が次第に解明されてきました。一霊四魂と産土信仰を研究していくうちに、自ずと派生する形で、一霊四魂と深い縁のある「うぶすな」の神仏の守護システムが明らかになってきたのです。「うぶすな」の世界は、〝一霊四魂ネットワーク〟になっています。

これらの神仏は〝一霊四魂に深く関わるルーツの神仏〟であり、人間がメインで拝むべき身内の神仏なのです。「うぶすな」の神仏に心を向けることが、人生の基礎体力・体質改善になるとともに、死後の安心につながります。

現在、私は次のような祈り詞を提唱しています。

「宇宙の大いなる意志、大調和に基づく天命もちて、大好きなわが御祖《みおや》の大神さま、わが一霊四魂、わが直霊《なおひ》の大神さま、わが産土《うぶすな》の大神さま、わが産土の守護仏《しゅごぶつ》さま、わが鎮守の大神さまをはじめ、わが守護の神仏の一霊四魂の、いやますますのご開運をお祈り申し上げます」

「うぶすな」の守護神仏

○御祖《みおや》の大神――文字通り、直接的に守護してくださる「うぶすな（ルーツ）」の神仏のトップ。特に直霊の大神の後見神になっている
○直霊《なおひ》の大神――自分に直霊を分け与えてくださった神で、自分自身の直霊の大元（スーパー・ハイアー・セルフ）ともいうべき神
○産土《うぶすな》の大神――直霊の大神との表裏の神縁で、今生の自分を誕生から死に至るまで守護してくださっている
○産土の守護仏《しゅごぶつ》――御祖の大神の四魂の中のお一方で、守護仏尊の代表的存在
○鎮守の大神――産土の大神との神縁で、現在住んでいる地域を守護してくださる大神。生活に関わる事柄を後押ししてくださる自宅の鎮守の大神とともに、「職場の鎮守の大神」「学校の鎮守の大神」もそれぞれ拝むとよい

祈り詞における〝神仏をお呼びする順番〟を私が神さまにうかがったところ、御祖の大神さまの次に「本人の一霊四魂が来る」と神さまが答えられたのには、最初、意外な感じがしました。御祖の大神さまは文字通り、人間を直接守護してくださる神仏のトップなので当然だと思いましたが、その後にすぐ「わが一霊四魂」とくるのが不思議だったのです。しかし、一霊四魂のことを深く理解するにつれて、「なるほど」と思うようになりました。

直霊の大神以降の「うぶすな」の神仏は、自分の一霊四魂の力に比例して、守護の度合いが決まってくるからです。自分の一霊四魂さえしっかりしてくれば、自ずと神仏の守護力もあがり、天命に向けて大きく歩むことができます。

直霊の大神さまや産土の大神さまには当然、神話に出てくるご神名があります。直霊の大神や産土の大神という言い方は「働き」をあらわしています。親が子どもから、自分の本名を呼ばれるよりも、「お父さん」「お母さん」と呼ばれた方が、親としての働きをしやすいのと同様です。

産土の大神が〝陽〟とすると、〝陰〟の存在として産土の守護仏が守護します。さらに、産土の大神の縁で、現住所の守り神である鎮守の大神が守護します。

一霊四魂に直接縁あるこれらの「ルーツの神仏（広義のうぶすな）」を核として、さまざまな守護の神仏がいます。他の守護の神仏はどちらかというと、「ルーツの神仏」をバックアップするという感じになります。

ここで、宇宙の神仏のシステムをシンプルに説明しましょう。まず、「宇宙の大いなる意志」があって、その次に「超次元」の世界があります。最奥にある「宇宙の大いなる意志」と超次元のご存在は、〝神や仏を超えた存在〟といえます。形、属性、名前もなく、存在としかいいようがない、神とか仏になる前の世界で、まさに「絶対空」です。

その次に、遠津御祖大神《とおつみおやのおおかみ》がおられる「神の次元」があります。遠津御祖大神は『古事記』や『日本書紀』に登場する神としては、アメノミナカヌシノ大神の働きをしている神と思ってよいでしょう。

遠津御祖大神は人間個人を守るという立場ではなく、地球全体を統括しています。遠津御祖神は、遠津御祖の大神の四魂である荒魂・和魂・幸魂・奇魂の一つだということがわかりました。もちろん、四神仏に分かれるという意味ではなく、数多くの遠津御祖神がいらっしゃるということです。遠津御祖大神と遠津御祖神は人間に直接関わる神というよりも、地球を助ける神々です。

その次の御祖の大神から、人間に関わってくる神になります。そこで、祈り詞も「わが御祖の大神さま」から始まるわけです。御祖の大神の下に、その四魂の一つである産土の守護仏がいます。御祖の大神お一方から〝数億柱の神仏〟が生み出されます。実は宇宙に

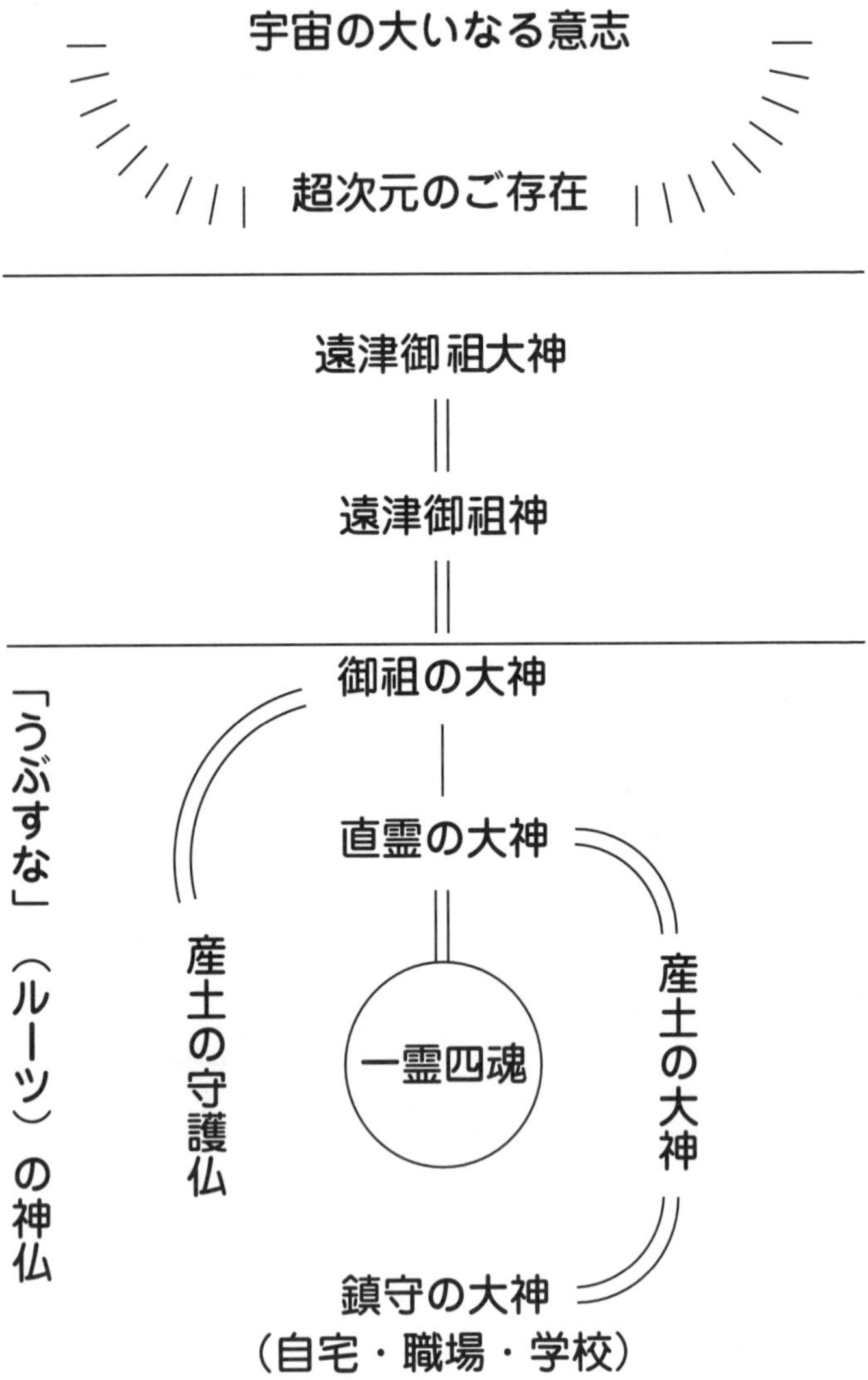

「うぶすな」の守護システム（略図）

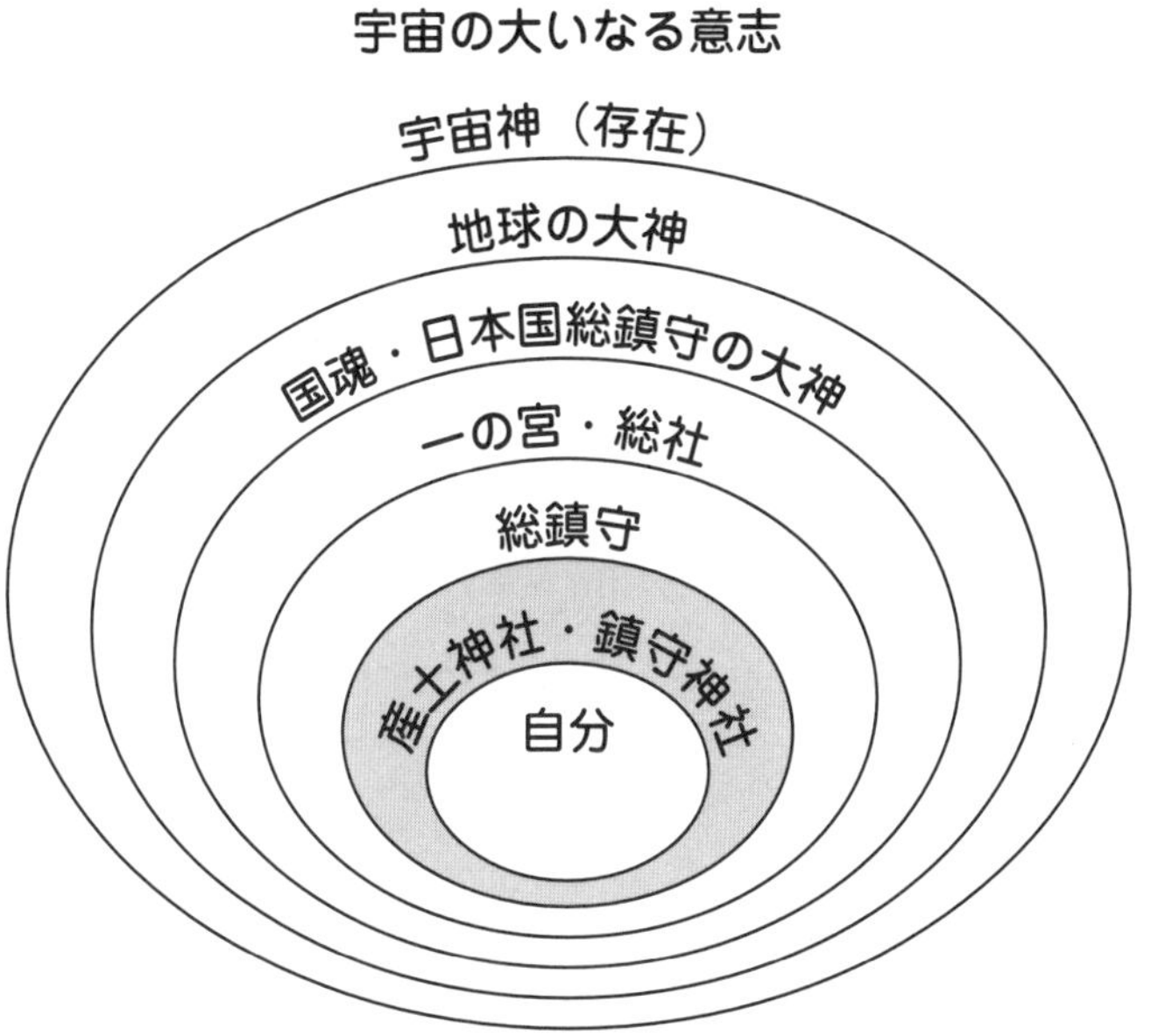

空間列での守護システム

は神仏が無数にいらっしゃるのです。

　空間列の流れの中心に産土の大神がおり、その神縁の中で現在の住所の守り神である鎮守の大神が決まります。ここまでが「オンリー・ワン」の世界です。

　さらに、地域一体を統括する総鎮守、旧国を統括する一の宮、旧国の神々をすべて祭る総社、さらに国全体を守る日本国総鎮守の大神がいます。そして、地球神がいます。

　この時間列と空間列の真ん中に私たち〝人間〟がいるわけで、これを神道では「中今《なかいま》」といいます。〝天命の中今〟を生きるということです。

　私たちは守護の神仏をさかのぼるこ

とにより、最終的には「宇宙の大いなる意志（大調和の御心）」につながっています。宇宙の根源的存在と私たちは、いわば自分の一霊四魂を通じてつながっているのです。まずは、自分の一霊四魂につながる〝身内の神仏〟に親しみを込めて拝むことから始めましょう。

「おかげ様」とのコミュニケーションが〝守護の度合い〟を増やす

このように多くの守護の神仏が守っているのですが、それにもかかわらず、いろいろなトラブルや不幸現象が多い人は、守護の度合いに問題があります。

守護の神仏、守護霊、指導霊、守護先祖霊団などの「おかげ様」の〝守護の度合い〟を増やすコツは、仲良くすることです。コミュニケーションが大切なのは、人間の場合とまったく変わりません。仲良くするためには、「大好きです！」とか、「とってもすばらしい」など親しみを込めた語りかけとともに神仏のご開運、ご活躍を祈るとよいのです。

○コミュニケーション（仲良くする）――ご開運の祈り、感謝
○自分の意志を折にふれて伝える――第一インスピレーションを尊重する
○陽気さ――笑い、日拝

○前向きさ――天命を歩む。社会の役に立つ

守護霊や先祖霊団はあなたの背後から見ていますから、「わが守護霊さまはとってもありがたい」という時には後ろを意識していいでしょう。

それから、「私はこうしたい」という自分の意志をしっかり伝えることです。私も常に神仏と意志の疎通をはかっています。語りかけをすると、インスピレーションが湧くようになります。

内なる直観力と外のおかげ様の直観力をプラスするわけです。その時に大事なのが、「第一インスピレーションを尊重する」ということです。第二、第三のインスピレーションにはだいたい、自分の欲が入っています。

最初にフッと思ったけれど、いろいろ考えて別な方法をとったら、「やはり最初に

思った通りにしておけばよかった」と後悔した経験が、みなさんにもあるでしょう。人間が第一インスピレーションを尊重していくと、おかげ様の方でもインスピレーションのメッセージを送る甲斐があるというものです。むこうは助けてあげたくて仕方がないのです。だから、人間側の受け皿があるかどうかの問題なのです。

そして、「陽気さ」が大事です。「笑う門には福きたる」というように、あなたのおかげ様が福をくださるのです。すると、「おかげ様で、なんとかなってきました」ということになってきます。

私は天命カウンセリングの時、このような説明をしています。

「笑うと心の扉が開きます。そうすると、パチンコ玉がチンジャラジャラと入ってくるように、おかげ様の力が入ってくるのですよ(笑)。いくら玉が来ていても、チューリップが閉じていたらはじかれるでしょう?」

おかげ様に心を向けて、よく笑い、陽気さを出していくと、おかげ様の力がどんどん入ってきます。

また、物理学にエネルギー不変の法則があるように、エネルギーは抑えても違う形で出たり、自家中毒を起こして人をストレス症にしたりしてしまいます。むしろそれを出すことです。ただ、そのまま出すと周りを傷つけてしまいますから、よく笑ってマイナスのエネルギーをプラスのエネルギーへと質的に変えることです。皆さんも困難なことがあった時、「笑い飛ばす」という感じで、まずは笑ってから、ことに当たるとよいでしょう。

守護の神仏と同様に、自分に関係する人はすべて、自分の一霊四魂に縁のある人たちです。「袖すり合うも、一霊四魂の縁」です。自分の環境はすべて、自分の一霊四魂との関わりの中で発生しますので、自分の一霊四魂を光輝かせることが大切になります。

自分を愛せない人は、本当の意味で他人を愛することはできません。しかし、直接的に「私は自分が好きだ」とはいいづらいものです。しかし、「わが一霊四魂」という間接的な表現なら、スムーズにいえると思います。それは同時に、〝核心〟をついた表現でもありますす。まずは自分の一霊四魂を愛し、好きになりましょう。そして、天命を歩むということです。これは一霊四魂の願いであると同時に、守護の存在の願いでもあるからです。

自神拝と守護の神仏がよろこび、元気が出る祈り方

日頃から、いつでもどこでもできる祈り詞を紹介しましょう。

さて、行法としての自神拝を行う時は通常、神棚か明るい場所で行います。私の方では自神拝用の特製「神威」額（その人に合わせてオーダーメードで調整し、神気を入れた色

紙額）を用いています。

背筋をのばして合掌して、胸の中央の直霊から、手の指先を通って祈りの光を発するような気持ちで祈ります。近年、特別セッションにおいて、直接神仏とおつきあいしていて、祈りは神仏の活力源・栄養になることを実感しています。そこで、祝詞の言葉を組み合わせて、「神仏がよろこび、元気が出る祈り方」を創意工夫しました。

とにかく、自分の一霊四魂《いちれいしこん》と守護の神仏が元気になることが大切です。これらを全部祈らないといけないわけではなく、時間がない時は選んで短く、時間がたっぷりある時は、自分に合わせて似たような言い回しを創意工夫して、付け加えてもよいでしょう。一言一句をその通りに唱えなければいけないというものでもありません。同じような趣旨の内容を祈れば良いのです。祈りの後に、〔その通り！〕と相槌《あいづち》を打つと、実感がより湧いてきます。

また、早口ではなく、ゆっくりと感情を込めて自分に言って聞かせるような気持ちで行ってください。能や歌舞伎の口上のスピードが最適です。自神拝は明るく、元気よく、楽しく、笑顔で行うようにしましょう。

祈りはすべてまず笑顔になってから行うと、効果が高くなります。次ページの祈りがすべての基本になります。拡大コピーしてお使いください。

〔自神拝と守護の神仏がよろこび、元気が出る祈り詞〕

二拝二拍手一拝をします。にっこり笑ってから始めます。

「おかげ様で、ありがとうございます。私はわが一霊四魂《いちれいしこん》が大好きです。大好きなわが一霊四魂はとってもすばらしい。私はわが一霊四魂を尊び、わが人生を大切にしますとってもありがたいわが一霊四魂と、わが意識が陰陽調和されますように宇宙の大いなる意志、大調和に基づく天命もちて、とってもありがたいわが御祖《みおや》の大神《おおかみ》さま、わが一霊四魂《いちれいしこん》、わが直霊《なおひ》の大神さま、わが産土《うぶすな》の大神さま、わが産土の守護仏《しゅごぶつ》さま、わが鎮守《ちんじゅ》の大神さまをはじめ、とってもありがたいわが守護のご存在の一霊四魂の、弥益々《いやますます》のご開運をお祈り申し上げます

とってもありがたいわが家《や》に連《つら》なるご本尊《ほんぞん》さまをはじめ、とってもありがたいわれに縁《えにし》あるすべての仏尊《ぶっそん》、仏尊の神々さまの一霊四魂のいやますますのご開運をお祈り申し上げます（三〇代、一〇億人以上の先祖が拝んでいた仏尊さまたちをさかのぼるようにイメージする）

とってもありがたいわが守護霊さま、わが指導霊さま、とってもありがたいわれに縁あるすべてのご先祖さまの一霊四魂の、いやますますのご開運をお祈り申し上げます

とってもありがたい先天《せんてん》の三種《みくさ》の大祓《おおはらへ》もちて、わが前世・先祖のカルマを昇華《しょうか》し、わが宿命・運命を祓い給《たま》へ　清め給へ

トホカミヱミタメ　甲《きのえ》　乙《きのと》　丙《ひのえ》　丁《ひのと》　戊《つちのえ》　己《つちのと》　庚《かのえ》　辛《かのと》　壬《みずのえ》　癸《みずのと》　祓《はら》ひ給《たま》ひ　清目《きよめ》出給《でたま》ふ

トホカミヱミタメ　子《ね》　丑《うし》　寅《とら》　卯《う》　辰《たつ》　巳《み》　午《うま》　未《ひつじ》　申《さる》　酉《とり》　戌《いぬ》　亥《い》　祓ひ給ひ　清め出給ふ

トホカミヱミタメ　乾《けん》　兌《だ》　離《り》　震《しん》　巽《そん》　坎《かん》　艮《ごん》　坤《こん》　祓ひ給ひ　清め出給ふ」

二拝二拍手一拝します。

　ご本尊さまとは、家の仏教宗旨《しゅうし》の主な仏尊のことです。浄土宗や浄土真宗だと阿弥陀如《あみだにょ》来《らい》さま、真言宗だと大日如来《だいにちにょらい》さまになります。そして、そのご本尊さまには、多くの仏尊や配下の神々さまがついています。阿弥陀如来さまの場合、観世音菩薩《かんぜおんぼさつ》さまなど二五菩薩をしたがえています。大日如来さまの場合は、すべての仏尊や仏尊の神々や龍神さまたちをしたがえ、配下のご存在は数百万体以上になります。

　ご本尊・縁《えにし》ある仏尊・仏尊の神々さまやご先祖さまに対する祈りは、最低三〇代前までの先祖をさかのぼるイメージで祈ることです。一世代三〇年と計算すると三〇代×三〇年＝九〇〇年で、約一〇〇〇年前の平安時代からの先祖をイメージします。

　ご先祖さまが拝んでいた陰《いん》のご存在（仏尊）がご開運することで、三〇代前までの先祖

たちのうち、その一部が私たちの守護先祖霊団になっていきます。自分の父・母、さらにその父・母と、三〇代さかのぼると一〇億人以上になります。また、配偶者（夫・妻）の先祖もあわせると、先祖たちが拝んでいたご本尊さまをはじめ、縁あるすべての仏尊、仏尊の神々さまも膨大な数になります。代々神道の家も、三〇代さかのぼった中には仏教徒だったご先祖さまもたくさんいます。

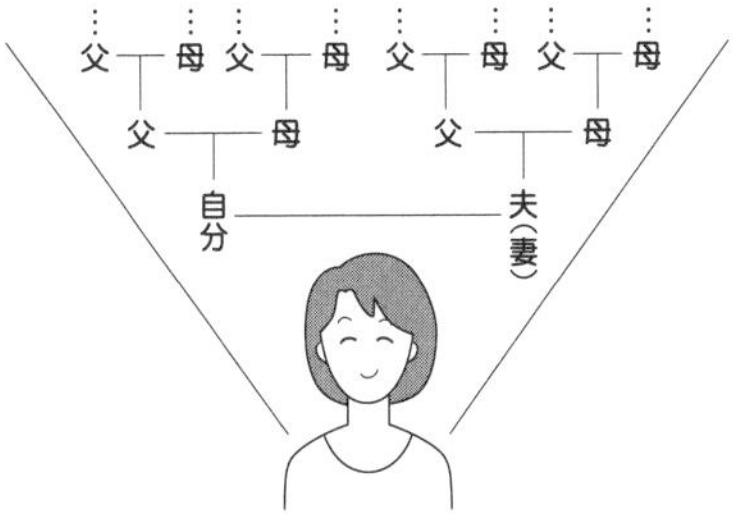

　また、産土の守護仏さまは、御祖《みおや》の大神さまの四魂《しこん》の分かれで、数万年前、数千年前から本人のタマシイ次元から守護しておられる、ありがたいご存在です。肉体人間を最も身近で守っているのが守護霊さまと産土の守護仏さまになります。自分の一霊四魂と深い関係にある、産土の守護仏さまとの仏縁もあって、〇〇宗を宗旨としている家の子孫として生まれてきます。自分の産土の守護仏さまは、父方・母方の宗旨の仏尊と深い関係があるのです。

　さて、自分の父方・母方の宗旨、配偶者の父方・母方の宗旨とそのご本尊さまのことを知っておくことです。開運法の視点から神仏は「働き」としてとらえた方がよく、自分の宗旨の仏尊がどういう存在かを学ぶとそれだけ、光明やご仏徳をいただきやすくなります。

神棚で祈る時は、最初に神棚にお祭りされている神々の一霊四魂のご開運をお祈りしてから、行います。

家族や知り合いの一霊四魂や守護の神仏に祈る時は、「わが」の部分を「わが父（母）の」とか、「〇〇さんの」と言い換えて祈るとよいでしょう。ただし、どんな場合でも自分の一霊四魂や守護の神仏に祈るのがメインであって、それにプラスして、相手のことを祈るようにすることが肝要です。なぜなら、自分の環境はすべて自分の一霊四魂が中心になっているからです。

相手に問題がある時、よく「自分が変われば、相手が変わる」といいますが、相手を変えるために自分を変えるのでは本末転倒です（その意識で行うと、変わりません）。相手が変わらなくても、自分さえレベルアップすればよいのです。なぜなら、自分の環境はすべて自分の〝学び〟だからです。きちんと学べば、新たな学びの環境になります。

祈り詞の中で、恩頼《みたまのふゆ》とはご神徳のことで、それが子々孫々に至るまで磐《いわお》のように永久に守護されますように、という意味です。

自分の一霊四魂に縁のある神仏が自分を護っているのですから、自分の一霊四魂が光ってくると、産土さまや鎮守さまをはじめ、すべての縁ある神仏、また縁ある一霊四魂が光ってきます。つまり、己の一霊四魂を光輝かせれば、地球が光輝くのです。

人生は「習慣」である

習慣は「第二の天性」といわれます。無くて七癖で、思いにこそクセ（習慣性）があります。人間の行動は「習慣」の産物です。

一言でいいますと、人生は「習慣」であり、人格とは思いの習慣の集合体です。人相は人生の履歴書です。日々の思いの積み重ねが人相をつくっていきます。一日は二十四時間しかありませんから、良い習慣を増やすと、悪い習慣は減ります。

感謝する人間は感謝される環境になり、不満ばかりいう人間は不満だらけの環境になります。プラスの良い習慣を身につけると、成功と幸運が訪れます。明るい心をもつと明るい人生になり、暗い心をもつと暗い人生になっていきます。

まずは、朝と夜寝る前に鏡に写った自分ににっこりと笑いかけましょう。そうすると、むこうから幸運が微笑み返してきます。「笑う門には福来たる」であり、幸福だから笑うのではなく、笑うから幸福になるのです。

ここで、開運するための良い習慣を列挙してみましょう。

①日拝
②自神拝・守護の神仏への祈り
③大自然に親しむ――大自然を愛でる人を神仏は愛す
④和顔愛語
お釈迦さまは和顔（にっこり）して、愛ある言葉を使うことも布施になると説いています。
・ユーモアのある話をする
・明るい言葉を使う
⑤天命を歩む
陰陽調和された地球、美しい大自然、地球人類の平和に役立つ本人の天命は一霊四魂の願い
⑥折りに触れて、自分自身をはげます
・一つのことができたら、その都度、自分をほめる
自神拝は自分の一霊四魂に「和顔愛語」し、最高のよき言葉をかけるものです。神仏の喜ぶ感情は「陽気さ、うれしさ、楽しさ、面白さ、感謝」になります。とにかく自分の一

霊四魂に、自分が考えられる〝最高の言葉〟をかけてあげましょう。

　私が行っている朝の言葉を紹介しましょう。

「大好きなわが一霊四魂、いつもありがとう。今日もすばらしい一日になる！」

「大好きなわが一霊四魂、偉大な神仏の力を今日も大きく発揮せよ！」

　寝る前には次のように宣言すると、そうなっていきます。

「大好きなわが一霊四魂、今日もありがとう。明日もすばらしい一日になる！」

　また、折りにふれて、自分の一霊四魂に気合をかけましょう。

「私はわが一霊四魂が大好きです！

　大好きなわが一霊四魂はとっても元気だ！　オーッ！

　とっても元気なわが一霊四魂はとっても強い！　オーッ！

　大好きなわが一霊四魂、私の天命に向かって大きく活躍せよ！　オーッ！」

神仏は人間個人の〝成長の度合い〟を評価する

　あなたが現世に生まれてきたのは、一霊四魂（ハイアー・セルフ）の願いである天命を歩むためです。

実は守護の神仏は〝肉体人間〟を対象にしているのではなく、本人の一霊四魂を対象に守護と指導をしています。その人の一霊四魂は「永遠の今」の中で、一霊四魂と本人自身の成長と進化のために最適の選択をしていきます。ところが、人間はたかだか百年の〝現世での幸運〟を望みます。そこにギャップが生まれます。

そのギャップを埋め、本人の現世的意識と《一霊四魂の願いと方向性》を一致させていくには、自神拝と天命を歩むことがとても有効なのです。天命への志ある者に大いなる守護が発動するのも、天命を歩むことが一霊四魂の願いであり、その願いに守護の神仏が対応していくからです。

神仏の評価の仕方としては、人間一人ひとりの成長を見ています。誰か別の人間と比べるということはありません。人間の視点で見ると、「この人はまだまだかな」と感じられる時でも、神仏は「この者の心境においてはたいへん進歩している」と、高く評価することがあります。

さすがに神仏です。「昨日の我は今日の我にあらず」ということで、以前の本人よりどれだけ成長したかを見るのです。ですから、その人なりに心境が高まり、向上することをおおいに評価するわけです。まずは自分のライバルを「三年前の自分」にしてみましょう。今の自分は、三年前の自分よりも成長していますか?

私は「己の向上心（志）をわが師とせよ」をモットーにしていますが、常に「心・行・学」において、自分をどうレベルアップしていくか」を考えましょう。「心」は心の持ちようや心境であり、「行」は日々の行動や実践、「学」はさまざまな学び、研鑽です。そして、少しでも成長していたら、自分をしっかりとほめてあげることです。

それから、自分の基準で神仏を評価すべきではありません。自分がうまくいかないと神仏の力を疑う人もいますが、それは神仏に力がないのではなく、自分の受け皿（志）がまだ小さいために、きちんと守護パワーをいただけていないのです。

人間の器が小さいと、神仏は御力をあげたくても十分にあげることができません。こちらの受け皿を大きくしていけば、それに応じた力がきますから、自神拝をしっかりやって、一霊四魂のパワーを大きくしてほしいのです。

この成長は、生きている人間だけでなく、先祖霊たちにもいえます。死後の世界でも、一霊四魂の〈成長〉は大切なことです。そこで、先祖霊たちの成長（霊格のアップ）になり、「守護先祖霊団のパワーアップ」になる神社・寺院参拝法を紹介しましょう。

自分に縁ある先祖霊たちと神社やお寺にいっしょに参拝することで、神仏の光をいただきます。そうすることで、先祖霊たちはパワーアップし、ひいては守護先祖霊団の数が増え、大いなるサポーターになっていただけるのです。一六九ページの守護の神仏の祈りをした後に、お寺の場合は次のように祈ります。

「宇宙の大いなる意志、大調和に基づく天命もちて、我とともに成長を望むすべてのご先祖さまの一霊四魂のいやますますのご開運をお祈り申し上げます。我とともに成長を望むすべてのご先祖様、私とともに〇〇寺に参拝いたしましょう」

神社の場合は、神々の光は強く先祖霊だけでは参拝しにくいので、特に産土の大神さまたちに導きをお願いします。

「宇宙の大いなる意志、大調和に基づく天命もちて、我とともに成長を望むすべてのご先祖さまをお導きくださる、とってもありがたい産土の大神さまたちの一霊四魂のいやますますのご開運をお祈り申し上げます。我とともに成長を望むすべてのご先祖さまをお導きくださる、とってもありがたい産土の大神さまたち、ただいまより〇〇神社へ参拝させていただきます。我とともに成長を望むすべてのご先祖さまをお導きくださるように、よろしくお願い申し上げます」

参拝する本人が、「自分自身も成長していこう」という気持ちをもって参拝することが大切です。その成長の思いに呼応して、守護霊さまや守護の神仏たちが、各階層の先祖霊たちに声をかけて、導いてくださいます。

参拝して帰宅した後は、守護の神仏たちやご先祖さまにお礼を申し上げます。

第5章

禍い転じて福となす
「二十一日」秘伝開運法

第1の「二十一日」開運法――産土（鎮守）神社参拝法

基本は第1章、第2章、第4章の開運法ですが、日限りで、効果の高い開運法をこの章で紹介しましょう。

禍い転じて福となす「二十一日」秘伝開運法は、六種類あります。目標（内容）に応じて、六種の「二十一日行」を使い分けるとよいでしょう。二十一は「七×三」ですが、このように開運法は七の倍数で行います。「二十一日行」が基本になりますが、内容によってはそれ以上の七の倍数（三十五、四十九など）で行うこともあります。

まず、二十一日の産土（鎮守）神社参拝法を紹介します。第1章にも体験談を紹介しましたが、二十一日間連続して産土神社に参拝して、産土の大神さまに祈願する方法です。昔から、お百度参りがありましたが、その流れをくむ方法になります。産土神社が遠い人は、鎮守神社で行います。

神仏に○○○を行いますと宣言するわけですから、その通りに実行していきます。自分の行動と神仏の後押しが車の両輪になって、前へ進むのです。

〔産土神社（鎮守神社）での祈り方〕

二拝二拍手一拝します。

「おかげ様で、ありがとうございます。宇宙の大いなる意志、大調和に基づく天命もちて、とってもすばらしいわが産土《うぶすな》の大神《おおかみ》さまをはじめ、〇〇神社の大神さま・仏尊《ぶっそん》さまの一霊四魂の、いやますますのご開運をお祈り申し上げます（鎮守神社の時は「わが鎮守の大神さま」といいます）

私は私の天命を実現するために、わが一霊四魂の偉大な力を存分に発揮します。私は私の天命を実現するために、〇〇を実行します。〇〇が実現するように積極的に行動しますので、後押しの程よろしくお願い申し上げます（三回以上いいます）

とってもありがたいわが産土の大神さま（または、わが鎮守の大神さま）をはじめ、〇〇神社の大神さま・仏尊《ぶっそん》さまの一霊四魂の、いやますますのご活躍をお祈り申し上げます」

二拝二拍手一拝します。

この参拝法は開運法の中でもポピュラーなもので、〝おかげ〟をいただいた人も多いのです。ある人は、仕事のことでこの祈願を行ったら、自分がやりたい感じに仕事の質が変わったといっていました。営業の人で、新しい仕事先が増えたという人もいます。リストラによる失業者が増えている中、この開運法は就職活動の後押しとしてもすぐれています。

ある女性は最初の子どもを流産し、傷心で私のカウンセリングを受けました。水子は産土の大神さまにお願いすると良いことを説明し、子授けには二十一日産土神社参拝法が良いと勧めました。満願の日が過ぎた頃、なんと妊娠していました。母子ともに順調で無事元気な赤ちゃんが誕生しました。

次に、私自身の体験を述べましょう。第3章で述べた、私の空亡と厄年が重なった時のことです。子どもたちの夏休みに南九州への家族旅行を計画しました。ただ、時期的に不安があったので、六月末に神道易を立てました。すると、「旅行はとても危険である。行ってはいけない」という意味の大成卦《たいせいか》が出ました。

私はその大成卦が出た以上、旅行は中止することにしました。結果的には、中止して正解でした。私が旅行を予定していた前日から鹿児島県に集中豪雨があり、土砂崩れなどの被害がニュースで放送されました。旅行に行っていたら、豪雨に直撃され、散々な目にあったかもしれません。神道易は、事前に警鐘を鳴らしてくださったのです。そして、この大成卦が出たことで、私は反省しました。

「やはり空亡の最中だし、油断は禁物だ。その戒めを易神さまが教えてくださった。ここは、鎮守さまに二十一日の参拝法を行って、神さまの恩頼をいただいて、この時期を乗り越えよう」

そこで、七月から毎日、近くの私の鎮守神社（氷川神社）に参拝して、わが鎮守の大神さまのご開運を祈りました。毎日通ううちに、鎮守の大神さまとも仲良しになりました。一カ月くらい神社に参拝し、その翌月、大いなるインスピレーションがあり、後述するような「霊・魂・魄」論を再発見し、さらに守護神社ネットワークという新たな開運法を編み出すことができたのです。

これらの「二十一日行」で注意しないといけないのが、「棚からぼた餅」はないということです。ある男性のカウンセリングで、次のような相談を受けました。

「三十過ぎなので、結婚したいと思っているのですが、何か方法はありませんか」

そこで、私は二十一日産土神社参拝法を勧めました。私は参拝法を勧めた時に、

「参拝法を行うと、結婚に関するエネルギーが動きますから、そのチャンスを活かすようにしてください」

と話しておいたのですが、約三カ月後、その人から電話がありました。

「参拝はしたのですが、まだ、結婚できません」

「おかしいですね。縁談もこなかったのですか」

「三件来ました。でも、気乗りがしなくて、三件ともまとまりませんでした」

「三カ月間に三件も縁談が来たということは、神仏が相当動いてくださったのですよ。そのチャンスを自分がものにしなければ、結婚できるはずがありません。前回、チャンスを活かすようにと話しましたでしょう」

「そんなものですかね」

神社に参拝しさえすれば、神仏が結婚を〝自動的に〟させてくれるわけではありません。神仏は縁をもって、そのチャンスを与えますが、それを活かすのは当然ながら人間自身であり、行動を起こすことがとても大切なのです。神仏を拝むのは好きでも、現実の事柄には積極的に行動しないという人がいます。それでは当然、結果は出ません。

昔の格言に次のようなものがあります。

「幸運の女神は誰に対しても、一生に三度、本人の横を通り過ぎる。成功者はその後ろ髪をすばやくつかまえた人である」

本書で紹介している開運法は〝幸運の女神〟の来訪の頻度を高める方法ですが、その後ろ髪をすばやくつかまえるか、ただながめて後ろ姿を見送るかは、本人にかかっています。

とにかく運気エネルギーが動きますから、これらの開運法を始めたら、どんどん自ら行動を起こし、そのエネルギーを活用して開運にもっていってください。

二十一日参拝法の時は、自分の住んでいる一の宮に参拝するとより効果的

産土神社と鎮守神社の次に大切な神社は、一の宮になります。一の宮は昔の国の最高位に位置する神社であり、その地域で生活したり、仕事をする場合は、必ずごあいさつをしておくことです。それがマナーであり、一の宮の大神のバックアップがあると、産土の大神や鎮守の大神も働きやすいのです。

したがって、この章で紹介している二十一日参拝法や各種開運法の時は、自分の住んでいる一の宮に参拝して、バックアップをお願いするとよいでしょう。たとえば、東京・埼玉の武蔵国の一の宮は、さいたま市の氷川神社になります。この場合、「氷川神社の大神さま」と祈るのではなく、「武蔵国一の宮の大神さま」と祈る方がよいのです。

また、大阪では住吉大社が摂津国《せっつのくに》一の宮になります。住吉大社に参拝した時もやはり、「摂津国一の宮の大神さま」といいます。第2章の一の宮の一覧表を参照して、それぞれの一の宮で「○○国一の宮の大神さま」と祈ります。次のようにお祈りするとよいでしょう。

一の宮での基本的な祈り方

二拝二拍手一拝します。

「○○国一の宮の大神さま、いつもありがとうございます。深く感謝申し上げます

宇宙の大いなる意志、大調和に基づく天命もちて、とってもすばらしい○○国一の宮の大神さまの一霊四魂の、いやますますのご開運をお祈り申し上げます

宇宙の大いなる意志、大調和に基づく天命もちて、とってもすばらしい○○国一の宮の大神、朝日の豊栄昇る《とよさか》ごとく、高き尊き御神威《みいづ》・光明、さん然と輝きませ

とっても偉大な○○国一の宮の大神さま、私は宇宙の大いなる意志、大調和に基づく私の天命に向かって、△△をいたします。後押しのほどよろしくお願い申し上げます

宇宙の大いなる意志、大調和に基づく天命もちて、とってもありがたい○○国一の宮の大神、広き厚き恩頼《みたまのふゆ》・御仏徳《ごぶっとく》を、子孫《うみのこ》の八十続《やそつづ》きに至るまで、堅磐《かきは》に常磐《ときは》にかかぶらしめ給《たま》へ

宇宙の大いなる意志、大調和に基づく天命もちて、とってもありがたい○○国一の宮の大神さまの一霊四魂の、いやますますのご活躍をお祈り申し上げます」

二拝二拍手一拝します。

第2の「二十一日」開運法――早朝四時起き祈願法

次が二十一日間早朝四時起き祈願法です。これは早朝の四時に起きて、守護の神仏に祈願をする方法です。

神仏との交流は午前四時から五時までと、午後四時から五時までが交流しやすい時間帯です。その時に神棚あるいは東の方を向いて、自分の願い事を祈願します。私も空亡と厄年が重なった時、正月から二十一日間行いました。

寝過ごさないように気をつけないといけませんから、自ずと夜更かしやお酒を控えるようになります。この祈願法を行うと心が澄んできますが、二十一日間にとどめることです。あまりに長くやりすぎると、心が浮世離れしてきます。心がクリアーになる二十一日間がベストです。

この早朝祈願法の場合は、せっかく早起きするわけですから、日の出の「日拝」もいっしょに行うと良いでしょう。

二拝二拍手一拝して、自神拝の祈りをします。その後に次のように祈ります。

「私は私の天命を実現するために、わが一霊四魂の偉大な力を存分に発揮します。私は私の天命を実現するために、〇〇〇を実行します。〇〇〇が実現するように積極的に行動しますので、後押しの程よろしくお願い申し上げます（三回以上いいます）」

先天の三種《みくさ》の大祓を唱えます

「宇宙の大いなる意志、大調和に基づく天命もちて、とってもありがたいわが産土の大神さま（または、わが鎮守の大神さま）をはじめ、わが守護の神仏の一霊四魂の、いやますますのご活躍をお祈り申し上げます」

二拝二拍手一拝します。

通常の神棚の祈りもこれに準じます。先天の三種の大祓は後述の「前世・先祖のカルマの昇華」に載っていますが、すべての祈願にとても有効な神言です。

第3の「二十一日」開運法——日拝行

開運の基本中の基本で、奥義でもあるのが「日拝」です。開運法は「日拝」に始まり、「日拝」に終わるといっても過言ではありません。「二十一日の日拝行」は特に効果があります。

方法は第1章で紹介していますので、そこを参照していただきたいのですが、この章で紹介している開運法はすべて、日拝行と組み合わせることで、相乗効果があります。

日拝行は〝一生もの〟だという認識の上、特に開運したい時は連続して行うと効果的です。日拝は特に、精神的に落ち込んでいたり、ストレスがある場合に有効になります。また、自分の〝おかげ様〟をパワーアップさせるのが開運の基本になりますから、「自分の一霊四魂とおかげ様」にしっかり太陽の大神さまの御神威・ご神徳をいただきましょう。

日拝はヒーリングと組み合わせるのも良いので、体調不良や病気の治療を受けている人は、日拝ができれば行うと、治療の効果がさらに高まるでしょう。

第4の「二十一日」開運法――「一切感謝」の行

人間の心は考えたり、話したり、聞いたりする表面意識（顕在意識）と、それをつき動かす奥に隠れた潜在意識に分かれます。習慣（クセ）は潜在意識がつかさどっています。

感謝することで、潜在意識に明るい暗示をかけていきます。感謝とは天が与えてくれた最高の潜在意識浄化法です。それは同時に、カルマの昇華を促進するので、精神的なことで悩んでいる人には特に有効な行です。

「ああ、うれしい。ああ、楽しい。ああ、面白い。一切ありがたし、ありがたし、ありがたし」

この言葉を一日中何千回もひたすらいうか、心で念じる行です。

私が天命カウンセリングをしていて、守護の神霊の加護を強く受けている人の傾向として、性格が陽気なことと感謝の心があげられます。そういう人は心が解放されているため、光の存在が守りやすいのです。

また、心を解放するために、時には大きな声で笑うことです。笑いは運命をも変える力があります。そういう意味で、二十一日の「笑いの行」を併せて行うのも効果があります。真剣に腹をかかえて笑う行法を「笑いの行」といいます。笑いの行をやると、それだけで、パーッとオーラが明るくなります。二十一日の「笑いの行」では一日数回、ひたすら腹をかかえて笑うものです。無理にでも笑っていると、だんだんおかしくなってきます。

成功者はよく笑います。笑うことによって、知らず知らずのうちに開運しているのです。笑っていると、小さいことにこだわらなくなり、他人も許せます。「アッハッハッハ」と笑うことは、積極的にストレスや邪気を出す最大の方法です。

第3の「日拝行」と第4の「一切感謝」「笑いの行」は、福を呼ぶ方法であり、自然治癒力・免疫力を高める方法としても特にすぐれています。

第5の「二十一日」開運法――慎食行

二十一日慎食行は「食をもって開運する」方法です。生命を維持する食は、運命をも変えることができるのです。特に、困難克服や受験の時にはよく効きます。年末から受験期には受験の相談があります。その時には、日切り慎食を指導することが多いのです。しかし、なかなかハードなので、日拝以外とは組み合わせない方がよいでしょう。

江戸時代の末期に、水野南北という天下一の観相師がいました。「だまって座ればピタリと当たる」と讃えられた水野南北の慎食行は、開運法としてたいへんすぐれています。南北翁の時代にも、

「南北の前に南北なし、南北の後に南北なし」

といわれましたが、いまだに水野南北は天下一であり、もう、こういう人は出ないだろうといわれています。それほどの人物が晩年に提唱したのが、この慎食行なのです。

「いままでの観相でも、いくら福の人相をした人でも、暴飲暴食をしている人間は長生きできない。しかし、貧相な顔をしていても、食を慎んで自分をわきまえている人間は長生きしている」

「食というのは生命を生かし、保持するものである。運命とは命を運ぶものだから、命を運ぶ運命も食によって変えられる」

そして、観相の世界から、生命哲学、生命思想としての食の大切さをはっきりと認識した上で、慎食による開運を提唱します。南北翁によると、

「人間には天禄（食禄）というものがある。食禄はそれぞれで決まっていて、暴飲暴食をすると、その食禄を食いつぶす。すると、早死にする。食を慎むことによって、天禄を増やすことができる」

慎食とはまた、慎む心でもあります。それは天禄、いわゆる天の倉に通じます。だから、厄年とか天中殺と同じ世界です。この慎食行は、「天下一の観相師」が提唱したところに、大きな意味があります。

一日一食の心を神仏、先祖にお供えする

南北翁の方法と神社開運法を組み合わせたバージョンアップ版のもので、天命を歩むための困難克服のやり方を紹介しましょう。

具体的には、七×三の二十一日間、一日一食を抜きます。朝昼晩のどれでもいいのです

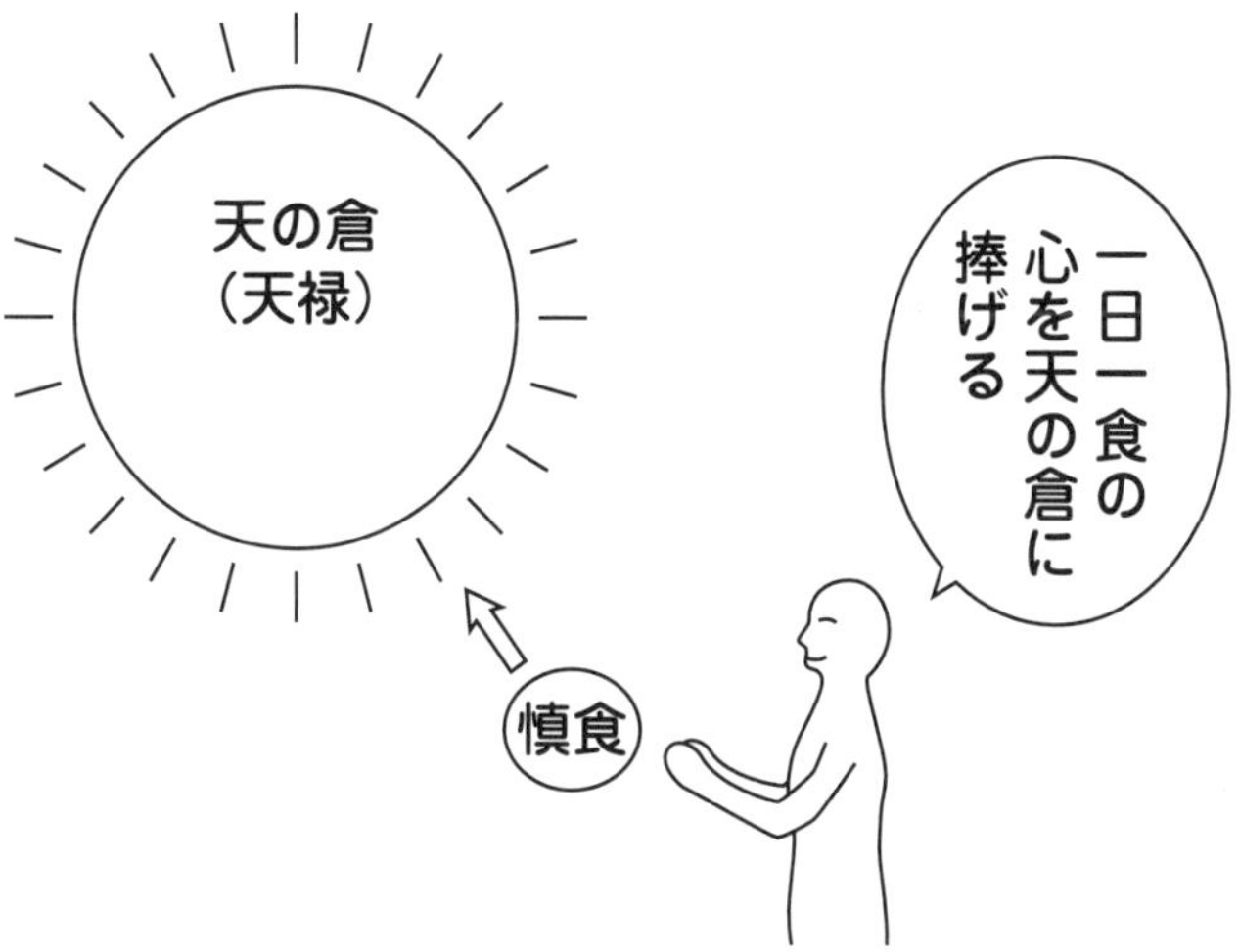

が、昼なら昼とある程度は決めておきます。これは一種の〝願かけ〟ですから、人生の節目のここ一番という時にやるとよいのです。この方法はハードですから、健康に問題がある人は行ってはいけません。そういう人は他の開運法を行えばよいのです。

まず、自神拝の祈りを行ってから、

「私は私の天命を歩むため、〇〇をやります。どうか後押しよろしくお願いいたします」

と祈ります。

一日一食抜くと食費が浮きますから、その分のお金を貯めます。二十一日間貯めたら、願かけした鎮守さま、産土さまにご奉納します。

大事なのは、単に一食抜くという行為ではなく、その分を〝神仏・先祖にお供えする〟という気持ちです。お捧げする、慎むという心があってこそ、天禄に蓄えられます。

昼食を抜く場合、「なぜ、食べないの？」と他人に聞かれることもあるでしょう。そんな時は隠さずにハッキリと答えます。

「今、願かけしているからです」

こう答えることが大事なのです。「胃腸の調子が悪いから」とか、ごまかすのは良くありません。自分からわざわざいう必要はありませんが、たずねられたらきちんと答えることです。

一日一食抜くのは、実際にやってみるとたいへんです。最初の一週間くらいは、気が張っているからいいのですが、一週間目から二週間目くらいが一番きついです。おなかが空いて、始終食べることばかり考えてしまう人もいます。みんなが食べているのに、自分だけ食べられないのがうらめしくもなります。その時こそ、神仏のご開運を祈り、先祖の一霊四魂のご開運を祈ることが大事です。その至誠が天に通じるわけです。

もし、途中で慎食行を休んでしまった場合は、最初からもう一度やり直します。願かけだから、厳しいのです。途中で不平不満の心が起きても、最後までやり通します。それが成功体験になります。誰でも、やっている最中は「なんでこんなことやっているのだろう」と自問自答します。それでもやり抜くことです。

これをやるのは、一生のうちで何回か、という覚悟でやりましょう。形だけの修行ではなくて、それを通じて神仏や先祖に感謝し、慎む心をもつということです。また、それを通して、神仏が感応しやすくなります。

母親の慎食行で、三浪生が医学部に合格する

ここで、慎食行による体験談を紹介しましょう。私がカウンセリングを始めた頃、受験生の息子が、すでに三浪しているという母親からの相談がありました。

「息子が医学部にどうしても入りたいというのですが、何か良い方法はありませんか」

こういう相談は占うことではないので、私は二十一日間慎食行をお母さんにしてもらうことにしました。慎食行をやるのは、本人ではなくて代理でもいいのです。受験生が一食抜くのはたいへんですから。

そのお母さんは、二十一日間の行を二回やりました。一回やったのだけど、いてもたってもいられないので、二週間くらいおいてから、もう一回やったそうです。ちょうど満願の日が受験日でした。

三浪の彼は、みごとY医科大に入りました。三浪だとなかなか、面接の二次試験がたい

へんですが、通ったというので、私もホッとしました。

受験というのは、「合格か、不合格か」の二つしかありません。結果がはっきり出ます。この事例は私にとっても、慎食行が効くか効かないか、開運法として試される機会となりました。彼の場合は、ふだんの模擬テストの成績はよいのに、本番に弱いというタイプでした。受験に関しては、実力があれば、この慎食行は効果があります。

さて、子どもが本番に弱いという場合は、その親である夫婦の仲が悪い場合が多いのです。どうしてでしょうか。自分の親が夫婦ゲンカしているのを子どもが見ると、当然不安になります。不安になったら、受験など「ここ一番」の時に、それまで蓄積してきた潜在意識の〝不安症候群〟が出るのです。そこで、マイナスの結果になってしまうわけです。

彼の場合も、父親が医者で、ワンマンな人だったので、母親がよく泣かされているのを見て反発していたそうです。

幼児は、親が仲がいいと安心して遊べます。ところが、親が仲が悪いと、「自分が遊んでいるうちに親がどこかに行ってしまうのではないか」と不安になって、親の顔をしょっちゅう見ます。すると、精神的に不安定な子どもになってしまいます。

自分の子どもにちゃんと育ってほしい、受験を乗り越えてほしいと願うのだったら、まず親が子どもに無用な不安を与えないことです。夫婦が仲良くし、子どもを支えていく姿勢が大事です。

先ほどのケースでも、

「息子の受験合格のために願かけして、慎食行をやったのですが、夫婦の仲がよくなってきました」

というお礼の電話をもらいました。

夫にしても、自分の奥さんが慎食行までやってがんばっているのだから、父親である自分も何かしなければと思ったのでしょう。「酒を控えようか」という形で家族がまとまってきたといいます。受験という試練をきっかけにして、逆に家族の和ができてきたわけです。

日切り慎食というのは、目的があって願かけするのですが、副次的にそういう効果がある場合があります。ここがおもしろいところです。

神仏というのは、その人にとって一番いい方向、天命を歩むためのステップに向けて後押ししてくれます。ですから、日切り慎食行をやっても、必ずしも本人や周囲の希望通りの結果になるわけではありません。というのは、人間の希望には往々にして、自分の都合や思い込みが入っているからです。

受験には、特にそれがあります。親も子も、学校のネームバリューとか欲目があるから、実力以上のものを望みがちです。そこまでの実力がないのに、上のレベルの高校や大学に入学できるはずがありません。祈願すれば、本人の実力の範囲内で、最適な学校に入ることができるということです。実力がない場合は、いくら祈願しても合格するのはムリです。本人の実力と努力があってこそ、神仏も後押しができるわけです。

どうしても、親には欲目がありますから、次のように説明しています。

「本人に実力があったら通りますよ。同時に、その子に一番合ったところ、天命をやりやすいところに行けますよ」

実力に合ったところや天命に合ったところなら、祈願も慎食も効果はあるのです。

売れない不動産が妻の慎食行で売れる

この不況の時代ですから、仕事や事業の相談も多いものです。次に、ご主人の会社の業績が悪くて、奥さんが慎食行をやったら持ち直したというケースを紹介しましょう。

「主人が不動産会社をしているのですが、なかなか物件が売れなくて、会社がたいへんなのです」

という女性の相談がありました。

バブル崩壊後、不動産業界もたいへんです。そこで、この慎食行を勧めました。一カ月

後、連絡があり、

「大きな物件が売れて、会社が持ち直しました」

ということでした。

また、リストラで就職が決まらない人が、慎食行を行っている途中で、仕事が決まったというケースもあります。

子どもが病気の時、慎食行を行っている途中で、新聞のコラムから、その病気に最適な医者を探すことができて、早期に子どもの病気が回復したという人もいます。

また、問題の答えが長年見つからないという時に、満願の二十一日目に、その答えになる資料が偶然見つかったというケースもあります。

慎食行は〝切り札〟です。ひんぱんにやる必要はなく、「どうしても」という時、受験とか会社の危機とか、人生の分かれ目の時に使うことです。どっちに転ぶかわからない時、天禄を増やすことで、天命の方向に転ぶようになります。やるからには、自分も努力しなければなりません。慎食行を行うと、天命に進むためのチャンスが訪れやすいのです。その時、チャンスをゲットするのは自分です。

その時点では望んだ結果にならなくても、何カ月か、何年かたった時に、「あれでよかったな」ということになります。

〔日限り慎食行での祈り〕

（まず、自神拝の祈り［一六九ページ］をします）

私は日限り慎食行で、私の守護の神仏、ご先祖さまに天禄をお供えします

私は積極的な行動と日限り慎食行で、私の天命を歩む環境をつくる

私は積極的な行動と日限り慎食行で、○○○を実現する

できる！　できる！　私は○○○を実現できる！

ああ、うれしい。ああ、楽しい。ああ、面白い。ああ、有り難し、有り難し

私にはとってもすばらしいわが一霊四魂があるから、自分が大好きです！

宇宙の大いなる意志、大調和に基づく天命もちて、とってもありがたいわが御祖の大神さま、わが一霊四魂、わが直霊の大神さま、わが産土の大神さま、わが産土の守護仏さま、わが鎮守の大神さまをはじめ、わが守護の神仏の一霊四魂の、いやますますのご活躍をお祈り申し上げます

とってもありがたいわが守護の神仏、守りたまえ幸《さきは》へたまえ

第6の「二十一日」開運法――「前世・先祖のカルマ」を昇華する祈り

二十一日間祈願法で、「前世・先祖のカルマを昇華する祈り詞・神言・真言」を祈る方法を紹介する前に、カルマについて述べておきましょう。

カルマという言葉はサンスクリット語で、日本では〝業《ごう》〟と訳されます。「因果応報」という言葉は昔から一種の宿命説のように受けとられがちです。しかし、わるいことばかりではなく、良い行為は必ず良い結果を導き出すということでもあります。それを「福因福果」といいます。

人と人との出会いを仏教では「縁」といいます。自分自身が何を思いどう行動するかで、人間関係の縁も実際に変わってきます。運のいい人は、人と人との縁を大事にしています。「袖すりあうも多生の縁」といいますが、縁を大切にすることが幸運を呼ぶ秘訣でもあります。

さて、ここで、「霊《れい》・魂《こん》・魄《はく》」について、簡単に説明しましょう。

霊（直霊）――内在の神仏として永遠不滅に存在するハイアー・セルフ

魂（四魂）――霊とともに時間空間を超えて、輪廻転生する内在の神仏
魄――魄体と思念魄がある。時間列とともに情報伝達する

霊・魂（一霊四魂）が〝あの世〟と〝この世〟を時間・空間を超えて行き来する（輪廻転生する）のに対して、魄《はく》は「先祖・自分・子孫」に時間列とともに情報を伝達します。「子孫伝承」されていくのです。これがカルマと関係してきます。

私たちがある行為を成す時には、同時に思念が生じ、そのまま残留します。この残留思念は魄を形成し、その魄は現象化に向けて働きます。思念魄はエネルギーを伴った情報（残留思念）としてこの世に残り、子孫へと伝承されます。魄は一霊四魂に比べてかなり物質レベルに近く、情報でありエネルギー体です。それが自分の子ども、子孫、地域にさまざまな情報を発信し、現象界に影響を与えていきます。

伝承されるものがプラスの思念魄であれば、子孫は明るい波動に包まれて生命力が増したり、良い縁がもたらされます。こうして先祖の残した余徳は、私たちにツキをもたらします。

昔から、いわれます。
「積善の家には余慶あり」

前述した「日拝・自神拝・産土信仰」という方法は、当然〝余慶〟〝余徳〟とアクセスします。逆に、汚れたマイナスの暗い魄であれば、暗い波動が自分に悪い影響を与えます。いわゆる「親の因果が子に報い」といわれる先祖の悪因縁というものです。従来、魄のイメージが悪かったのは、このパターンと結びついたからです。

遺伝子ＤＮＡはまさしく親や先祖の情報です。私は、「遺伝子ＤＮＡには、魄を伝える働きがあるのではないか」と考えています。特に芸術・芸能・技能・宗教的世界はそれが顕著です。たとえば、能楽師の家に生まれると、幼い時から能楽師としての雰囲気を漂わせ、それに修行によって磨きがかかります。神主の家も先祖の魄を代々伝承します。そこで、そういう家は○○代目ということを大事にしているのです。霊能者の家系に生まれると、子どもの時から霊感がある場合も多いものです。自分に相応した家に生まれるということもあり、それらが相乗して不思議な能力を発現させるのです。

また、民族にはその民族固有の魄があります。その民族が何世代にもわたって蓄えてきた想念であり、情報であり、エネルギー体です。日本人は日本人としての魄も受け継ぎます。一人ひとりは違っていても、日本人全体としては固有の気質を備えているのはそのためです。付章の「神棚・仏壇・お墓の祭祀」は、この日本民族の集合的魄が深く関わっています。

さて、同じ家に生まれた兄弟姉妹でも、先祖の余徳の方を受けている感じの子と、因縁を受けている感じの子がいます。この違いはどこから生じるのでしょうか。それは、本人の想念の方向性によって、感応する魄の種類が異なってくるからです。

プラスの想念や行動は先祖の徳を受けやすくなります。マイナスの想念や行動は黒いカルマ（因縁）を受けやすくなります。類は友をよび、それぞれの相応の先祖の魄に感応します。ですから、自分で開運法を行い、きれいな魄を増殖させればいいのです。

魄の最大の特徴は「現象化を起こす」ということです。この後に紹介するカルマの昇華の祈りをすることで、暗かったカルマも質が変わり、だんだんと光を放ってきます。そうすると、よい現象化が起きてきます。

二十一日間祈願法で、「前世・先祖のカルマを昇華《しょうか》する祈り詞・神言・真言」を祈る

今までの仏教的考え方では、悪因縁は〝切る〟とかなくすべき存在としてきました。しかし、カルマがあるからこそ、今の自分が存在しているわけですから、切ることもなくすこともできません。カルマは本来、切るものではなく、昇華させるものです。昇華させるとは、質を変えるということです。

これから紹介するのは、自分の守護の神仏のお力によって、自分の願望実現をブロックしている「自分の前世・先祖のカルマ」を昇華して、明るい未来へ大きく前進するための祈り詞・神言・真言であり、開運法です。

前世と一口にいっても、数千年前から、多い人は数万年前以上にわたる前世があります。先祖も数十代さかのぼると、何億人にもなります。人類の歴史をみると、戦争、略奪、謀略、肉親間での争いなど計り知れないほど多くのカルマがあります。現世のあなたが、「自分は悪いことはしていない」と思っても、自分の前世において、あるいは自分の先祖がさまざまな罪や神仏に対するご無礼をおかしていることが多いのです。

「前世・先祖のカルマを昇華する祈り」は、神社参拝法と組み合わせても結構です。また、早朝祈願法の時に行ってもよいです。ただ、時間的・体力的に無理がある場合は三つの方法を、二週間ほどインターバルをおきながら、連続的に行った方がよいでしょう。

要は、神仏に通じるように祈ることが大切です。量ではなく、質を心がけてください。

あなたが祈る時、ご先祖さまもあなたを媒体としていっしょにお詫びしています。「ご先祖さまといっしょ」という気持ちでお祈りしてください。守護の神仏に対する感謝の意味も込めて、お祈りさせていただきましょう。祈りとは〝意乗り〟です。守護の神仏はあなたの意をくんで、縁ある神仏にお詫びのため、とびまわってくださいます。そのため、最初に神仏が元気になるための祈りをします。その祈りが神仏の活力源になります。

実は、人間が天命を歩んでいないからこそ、罪をおかし、それが黒いカルマになっていくのです。そういう意味では、天命を歩むと、カルマの昇華をしやすくなります。天命を歩む時、神仏が天命に歩むためのブロックとなっているカルマを、本人が昇華しやすいようにしてくださいます。

この祈りは神仏と人間のムスビ直しであり、信頼の回復になります。目に見える形ですぐに変化がなくても、水面下では大いに好転しています。ただ唱えるのではなく、書かれている文章の意味を噛みしめながら、自分に言い聞かせるような気持ちで祈ってください。

（この祈りを効果的にするため、ＣＤ『前世・先祖のカルマを昇華する祈り詞・神言・真言』を（有）メンタルサイエンスより発売しています）

〔前世・先祖のカルマを昇華する祈り詞・神言・真言〕

合掌して、目を開け、背筋をのばしてお祈りします。胸の中心の直霊《なおひ》から、祈りを発してください。

「おかげ様で、ありがとうございます。宇宙の大いなる意志、大調和に基づく天命もちて、大好きなわが御祖《みおや》の大神さま、わが一霊四魂、わが直霊《なおひ》の大神さま、わが産土《うぶすな》の大神さま、わが産土の守護仏さま、わが鎮守の大神さまをはじめ、わが守護のご存在の一霊四魂の、いやますますのご開運をお祈り申し上げます

とってもありがたいわが家に連なるご本尊さまをはじめ、とってもありがたいわれに縁《えにし》なるすべての仏尊《ぶっそん》・仏尊の神々さまの一霊四魂のいやますますのご開運をお祈り申し上げます

とってもありがたいわれに縁あるすべてのご先祖さまの一霊四魂のいやますますのご開運をお祈り申し上げます

とってもありがたいわが守護の神仏、只今《ただいま》よりわが前世、わが先祖がおかしたカルマに対するお詫びと自分の天命へのお祈りをさせていただきます。わがカルマの昇華にご活躍の

ほど、よろしくお願い申し上げます

宇宙の大いなる意志、大調和に基づく天命もちて、とってもありがたいわが守護の神仏、広き厚き恩頼《みたまのふゆ》・御仏徳《ごぶっとく》を　子孫《うみのこ》の八十続《やそつづ》きに至るまで　堅磐《かきは》に常磐《ときは》にかかぶらしめ給へ

宇宙の大いなる意志、大調和に基づく天命もちて、わが守護の神仏たちの一霊四魂の、いやますますのご活躍をお祈り申し上げます

〈ここからお詫びに入ります〉

わが前世において、そして、わが先祖がたいへんなご無礼をし、罪をおかした十干《じゅっかん》・十二支・八卦《はっか》を司る諸神、諸仏、星宿《せいしゅく》の神々さま、子丑寅卯辰巳午未申酉戌亥《ねうしとらうたつみうまひつじさるとりいぬい》を司る仏尊、仏尊の神々さまをはじめ、すべての神仏・ご存在・縁《えにし》ある人々に対して、心よりお詫び申し上げます。誠に誠に申し訳ございませんでした。今後、このようなご無礼、罪を二度とおかさないようにいたします。誠に誠に申し訳ございませんでした（3回以上、心をこめて）

「神仏の願いは、人間一人ひとりが自分の天命を行うことである」ということを自覚し、今から私は、自分の生業を通して、自分の天命に向かって、大きく歩み出します。宇宙の大いなる意志、大調和の御心を我が心として、自分の得意分野を活かして、陰陽調和された

地球、美しい大自然、地球人類の平和、家庭、地域、日本に調和をもたらすように心掛けて、毎日を生きていきます。そして、家族ともども、明るい未来にしていきます。今から私は自分の天命への志をもって、人生を歩みます

十干・十二支・八卦を司る諸神、諸仏、星宿の神々さま、子丑寅卯辰巳午未申酉戌亥を司る仏尊、仏尊の神々さまをはじめ、我に縁あるすべての神仏・ご存在・人々の一霊四魂の、いやますますのご開運をお祈り申し上げます

〈ここから神言・真言でカルマを昇華していきます〉

〔大日如来の真言〕

オン　アビラウンケン　バザラダトバン（三回）

〔カルマ昇華の真言〕

このカルマ昇華の真言の時だけは、合掌した手の指先を自分のノドに向けて、唱えます。ノドにはカルマがたまるからです。ほかの真言・神言は合掌の手は前方へ向けます。

ナム　ニケンダ　ナム　アジャハタ　ソワカ
ナム　アジャラ　ソワカ　インケイイケイ　ソワカ（三回）

〔先天の三種《みくさ》の大祓〕

トホカミヱミタメ　甲《きのえ》乙《きのと》丙《ひのえ》丁《ひのと》戊《つちのえ》己《つちのと》庚《かのえ》辛《かのと》壬《みずのえ》癸《みずのと》　祓《はら》ひ給《たま》ひ　清《きよ》め(目)出《で》給《たま》ふ
トホカミヱミタメ　子《ね》丑《うし》寅《とら》卯《う》辰《たつ》巳《み》午《うま》未《ひつじ》申《さる》酉《とり》戌《いぬ》亥《い》　祓ひ給ひ　清め出給ふ
トホカミヱミタメ　乾《けん》兌《だ》離《り》震《しん》巽《そん》坎《かん》艮《ごん》坤《こん》　祓ひ給ひ　清め出給ふ

〔光明真言〕すべての仏尊、仏尊の神々に有効な真言

オン　アボキャ　ベイロシャノウ　マカボダラ　マニハンドマ　ジンバラ
ハラバリタ　ヤ　ウン

〔天津祝詞の太諄辞事〕

宇宙の大いなる意志、大調和に基づく天命もちて、天津《あまつ》祝詞《のりと》の太諄辞事《ふとのりとごと》を宣《の》れ

かみながら、かみながら、かみながら……（何回でも）

かく宣《の》らば　今日より始めて罪という罪はあらじと　祓《はら》い給《たま》ひ浄め給ふ事を　天津神《あまつかみ》　国《くに》
津神《つかみ》　八百神等《やおよろづのかみたち》ともに聞こしめせと白《まを》す

〔十字真言〕

アン　ヂン　ミィ　ピー　ジー　パー　ヤァ　イン　フォア　ディン　（3回）

わが前世、先祖がたいへんなご無礼・罪をおかした十干・十二支・八卦を司る諸神、諸仏、星宿の神々さま、子丑寅卯辰巳午未申酉戌亥を司る仏尊、仏尊の神々さまをはじめ、我に縁《えにし》あるすべての神仏・ご存在、宇宙の大いなる意志、大調和に基づく天命もちて　朝日の豊栄昇《とよさか》るごとく、高き尊き御神威《みいづ》・光明、さん然と輝きませ

宇宙の大いなる意志、大調和に基づく天命もちて、十干・十二支・八卦を司る諸神、諸仏、星宿の神々さま、子丑寅卯辰巳午未申酉戌亥を司る仏尊、仏尊の神々さまをはじめ、我に縁あるすべての神仏・ご存在の一霊四魂の、いやますますのご開運をお祈り申し上げます

宇宙の大いなる意志、大調和に基づく天命もちて、わが生まれ年である○○年を司る仏尊、仏尊の神々さまの一霊四魂の、いやますますのご開運をお祈り申し上げます

大好きなわが御祖《みおや》の大神さま、わが一霊四魂、わが直霊《なおひ》の大神さま、わが産土《うぶすな》の大神さま、わが産土の守護仏さま、わが鎮守の大神さまをはじめ、わが守護の神仏、誠にありがとうございます

ああ、有り難し、有り難し、有り難し、ああ、有り難し、有り難し、有り難し

宇宙の大いなる意志、大調和に基づく天命もちて、とってもすばらしいわが守護の神仏、朝日の豊栄昇るごとく、高き尊き御神威《みいづ》・光明、さん然と輝きませ

宇宙の大いなる意志、大調和に基づく天命もちて、とってもありがたいわが守護の神仏、広き厚き恩頼《みたまのふゆ》・御仏徳を、子孫《うみのこ》の八《や》十《そ》続《つづ》きに至るまで堅磐《かきは》に常磐《ときは》にかかぶらしめ給へ

大好きなわが守護の神仏、守り給へ　幸《さきは》へ給へ（3回）

宇宙の大いなる意志、大調和に基づく天命もちて、とってもありがたいわが守護の神仏たちの一霊四魂の、いやますますのご活躍をお祈り申し上げます

この祈りはある面では「気づき、反省、学び」の祈りです。お詫びの証が天命に歩むということです。「行動」を起こしてこそ、その気持ちが本当に伝わります。志をもって、人生を歩むことが、カルマの昇華の祈りを効果的にする最大の方法です。そう行動を起こした時、さまざまなブロックが徐々に解けてきて、実際にカルマの昇華が起きてきていることを実感できるのです。

ちなみに、生まれ年の干支は、二月四日（または五日）の立春から翌年の二月三日（または四日）の節分までを一年とします。したがって、一月生まれは前年の干支になります。

第6章

厄年や空亡（天中殺）を乗り切る古神道の秘訣

人生は〝四季〟である

この章では、厄年や空亡（天中殺）を乗り切る古神道開運法、さらに〝人生を生き抜く秘訣〟をご紹介しましょう。

ものの考え方として、「人生は四季である」ととらえるとよいでしょう。四季は物事それぞれにもあり、さらに人生そのものにもあります。会社も「法人」ですから、当然、四季があります。日本人の天命は四季の巡りをしっかり体験することでもあります。

それぞれ「今、自分はどの季節にいるのか」を考察し、その季節をしっかり生きることが大切になります。

春……内部（蔵）にあった生命力を、外に向けて徐々に活動させる。種まき、発芽。
夏……生命力の発散。外の動きを活発にする。成長の極。
秋……活動していた生命力を、内部にしまい始める。収穫する。蓄積する。
冬……春から秋にかけて消耗した生命力を回復する。蔵にしまい、次の春に備える。土づくりをする。

冬は大切な土づくりの時です。冬の間に堆肥で黒々としたいい土にしておくと、春になって種をまいた時に、芽は大きく伸びます。種はコンクリートの上にまいてもだめですし、やせた土にまいても芽は育ちません。立派な成果をあげるには、冬の時期にしっかりと土作り、土台作りをしておくことです。

冬は土づくりに徹し、春になったら種をまきます。早く育てと願うあまり、水や肥料をやり過ぎると、腐ってしまいますから、成長に応じて水や肥料を与えていきます。夏になると夏の強い日差しを受け、成長もしますが、同時に雑草も生えますから、雑草を刈らないといけません。その雑草を刈って肥料にします。その季節に応じた手入れをしていくと、秋に黄金の稲穂が実り、収穫の時を迎えることができます。

人生もそういうバイオリズムになっています。物事を成就（実りの秋）するには、その順番をしっかり行うことです。季節はずれに種をまいてもだめです。物事を行うタイミングを踏まえれば、ちゃんと成功するのです。

人生を四季としてとらえて、まず何をなすべきかを考えて、その中で智慧を発揮するのが「気の世界」です。運波を知り、運波にしっかりと乗ることです。種をまいたら翌日には実がならないと気がすまない人もいます。あせって時期を無視して行ってもうまくいきません。たまたまタイミングが合って、うまくいったとしても、結局は長続きしません。バイオリズム（運波）を知って、その通りにやれば必ず秋には実ります。天地自然の道理の通りにやらないから、失敗するのです。

「役年（厄年）」開運法――厄年や空亡はレベルアップのチャンス

人間いつも調子いいと、「これでいい」と思ってしまい、成長がありません。実際、私の天命カウンセリングに来る人の半分くらいは、ちょうど空亡にさしかかった人か、その前後の時期の人です。そういう人たちは運勢が落ちてきて、自分の力だけでは無理ではないかと感じて、神仏に無意識的に心が向くのでしょう。

天命カウンセリングを受けて、産土神社のことがわかったり、開運法を実践してみることで、それをきっかけに開運していきます。空亡の時は自己改革のチャンスなのです。

偉人は苦労があったから偉人になったのです。苦労していない人は偉人にはなりません。しかし、苦労した人がみんな偉人になるかというと、そうではありません。苦労を前向きにとらえて活用した人が偉人になるのです。

節目、節目で人生を見直すことは必要です。空亡の時はいろいろトラブルが起きますから、人生や健康面、精神（内面）性をイヤでも見直さざるをえません。むしろ、イヤイヤやるのではなくて、積極的に自己改革した方がいいのです。厄年や空亡は人生の土づくりの時期であり、自分がスパイラルアップするチャンスなのです。

ここで、運命学的な面から、空亡の時期の過ごし方を述べましょう。

厄年や空亡の時には、いままで内在していた健康面や精神面の問題点が出やすいものです。経済的に厳しい状況になったり、家庭面がうまくいかないとか、健康面に不調が出てくるとか、その人の弱いところが出ます。その時は、弱点を克服するいい機会なのです。厄年の時は、特に健康面に出やすいので養生して、生活習慣の改善が必要です。

動きとしては、自分から積極的に動くのは控えて、どちらかというと、入った仕事をこなしていくというイメージでやった方がいいでしょう。また、自分のための引っ越しや転職はあまりしない方がいいです。ただし引っ越しでも、やむをえず引っ越す場合（道路の拡張とか会社の辞令など）はそんなに問題はありません。

空亡の時は、生活習慣（特に健康面）を見直したり、公的なボランティアや神仏、先祖、地域、日本、地球のために役立つことを積極的にやるべきなのです。

それから、空亡をラクに過ごすには、どれだけ秋に実らせるかにかかっています。「アリとキリギリス」のお話のように、冬の前までの過ごし方で、秋の実りに大きな差が出てきます。財政的な面、物質的な面も同時にちゃんと実らせることです。

ふだんから産土信仰や先祖のことをやっていると、実りの秋に貯蓄があります。すると、冬に〝借金取り〟が来ても払えるわけです。「天の倉」に貯金がない人は自己破産になることもあります。

空亡とは、「みずから積極的にミソギをする」時と考えればいいのです。ミソギがイヤだイヤだと逃げていると、天からミソギをさせられることになります。健康面でも、〝冬〟に顕在化する前に、養生して〝未病〟の段階で手を打つことです。

占い師の中には空亡の時には、「運勢が悪いから、おとなしくして、じっと待っていなさい」という人もいます。しかし、じっと待っていても、土は耕されません。いい土にすることによって、春からの運気が変わってきます。「冬来たりなば春遠からじ」で、必ず春がきます。人間一番イヤなのは、「いつまで続くぬかるみぞ」で、この苦しさがいつまで続くのかという、先が見えない不安です。

この「厄年＝役年」説は第3章で述べたように、私自身が実証しました。私は空亡だったからこそ、「神仏のご開運を祈る」ことから発展して、「神仏のご開運をしていこう」という積極論に転じました。

吉凶を含めて、それを活かせるかどうかにかかっています。「禍い転じて福となす」「転んでもただでは起きない」「転んだら、ワラでもつかめ」といいますが、たとえ失敗しても、失敗した中から次に活かせるものをみつけられます。「すべてを活かす」というつもりでやりましょう。「転んだら　必ずつかめ　火打ち石」の精神で、大変な時代をしぶとく生きていきましょう。

究極的にはすべて「吉凶なし」です。すべての混乱は陰陽を善悪・吉凶化したところから生じます。人間は自分に都合のいい事を善とし、都合の悪い事を悪にしたがるものです。善悪、吉凶ではなく、すべての事柄を陰陽でとらえるようにしましょう。陰陽調和された時にスパイラルアップした次元の智慧が湧きます。

自分の誕生日に守護の神仏の働きが隠されている

私が直接的に神仏とお付き合いしていく中で、実は四柱推命の「日柱の干支」と「空亡」の十二支の中に、自分の守護の神仏の「五行の働き」が隠されているケースが多いことがわかりました。

四柱推命は生年月日で出しますので、誕生の日の「日干支」が関係するのはその日に生まれるのに意味があるということです。

	十干	十二支
木	甲乙	寅卯
火	丙丁	午巳
土	戊己	丑辰未戌
金	庚辛	申酉
水	壬癸	子亥

たとえば、私の日干支は「己未《つちのとひつじ》」、空亡は「子《ね》丑《うし》」です。上表のように、「土」に属する十干の己、十二支の丑、未、「水」にあたる子があります。私の直霊の大神は大地に関わる大神であり、ほかの守護の神仏も「土」と「水」に関わる神仏が多いのです。そういう神仏が守護しているということは、私が大地に関係する仕事をすると、守護を受けやすいわけです。私が大自然やエコロジー的視点が強いのは、神縁ある神仏との関係もあり、その方面に天命があるという暗示が、私が生まれた時から内在していたということです。

そして、空亡の中に、自分の縁ある神仏の働きがあるということに深い摂理があります。だからこそ、空亡の時は神仏・先祖のことをきちんとした方がよいのです。

本格的な解説は私の天命人間学の「天命カウンセラー養成クラス」の時に説明していますが、要は「すべてに意味がある」ということです。

ちなみに、立春や春分などの二十四節気とともに、自分の誕生日も、お祈りや行の効果

空亡（天中殺）子丑

時		日		月		年	
甲	正官	己		壬	正財	丁	偏印
子		未		寅		酉	
癸	偏財	乙	偏官	丙	元命 印綬	辛	食神

山田雅晴の命式

が特にある時です。その時は本書で紹介している自神拝や守護の神仏への祈り「産土神社」や「鎮守神社」への参拝をされるとよいでしょう。

困難を「受容」した時から、運命が大きく開いていく

人間が危機や困難に陥った時に最も悪い結果を招くのは、心が動揺して〝もがく〟ことです。水に落ちた時に、沈むまいとしてもがきにもがいて、水を大量に飲んで溺れるようなものです。

むしろ溺れるのなら溺れてもよいと体の力を抜けば、人間の方が軽いのだから、自然に水面に浮いてきますが、それと似ています。「身を捨ててこそ浮かぶ瀬もあれ」という諺もありますね。

人間は問題が起きた時に、誰でもその最悪の状態を

見たくないものです。そこで、「見たくない、そうなりたくない」という気持ちが起こりますが、ここからが大切なのです。

現実を直視することが物事の好転の第一歩になります。古神道では「眼による祓い清め」という方法があります。〝観る〟という力はふつうの人が考えている以上に、効果があります。〝眼力〟で、現実をしっかりと直視することです。

実はその最悪の状態を〝あるがままに受け入れる〟ことが、問題解決のポイントになるのです。これを心理学では「受容」といいます。

①困難が起きた時には、それを直視して、最悪の場合を想定してみる
②その最悪の状況をあるがままに自分に受け入れる
③それを避けるための対策を下から一つずつ積み上げる

①の最悪の状態を想定するのは、得意の方も多いでしょう(笑)。実際、①から③に行く人は多いのですが、②の「受容」をしないままだとうまくいきません。②の「受容」をした上で③にもっていく時、トラブル打開の道が見えてきます。

江戸時代の良寛禅師は、次のようにいっています。

「災難にあう時節は災難にあうがよく候、死ぬ時節には死ぬがよく候。これはこれ災難をのがるる妙法にて候」

これは「受容」の大切さを語っています。要は、「いい意味で開き直る」ということです。開き直って、最悪の状態を自分が受け入れさえすれば、後は解決していくための方策を底部から、一つ一つ積み上げていくだけです。

受け入れれば不思議と気持ちが落ち着き、冷静になって平常心に戻れるものです。困難は犬と同じで、逃げると追いかけ、手なずけるとおとなしくなります。あるがままに受け入れた時、ピンチはチャンスに変わっていきます。

この受容によって、自分を〝第三者〟として見ることができるようになり、そうすることで、スランプからの脱出がスムーズにいくようになるのです。

観る力とともに、言葉にも呪力があります。問題があった時、「言霊による祓《はら》い」も有効です。これはトラブルが起きた時、即座に言霊によってサッと祓い清めて、状況を好転させるものです。言霊で「切り返し」を行うわけです。

物事は必ず両面（陰陽）があります。反対の側面からはっきりと「言い切る」ことで、事態を変えるということです。

「失業した、それもまた良し！　今度は、天命の方向の職につこう」

「カゼをひいた、それもまた良し！　せっかくだから、十分休養しよう」

「失敗した、それもＯＫ！　よし、失敗から学んで次は成功しよう」

病気の人は次のようにいってもよいでしょう。

「○○（病名）、○○以外はとっても元気だ（健康だ）」


「それもまた良し！」「ＯＫ！」とは受容であり、その後に反対の側面から良い形に「言い切る」わけです。ふだんから、陰陽思考（両面思考）で考えるクセをつけましょう。

人生や生死の立場から、言霊で祓う方法もあります。私たちがふだん悩む問題の多くは、死ぬことに比べると、ほとんどは取るに足らないことです。

ＯＫ！　別に死ぬわけではない
ＯＫ！　人間本来無一物（私は裸で生まれてきた）
ＯＫ！　クヨクヨ悩むヒマはない（私は天命を歩むので遊んでいるヒマはない）
ＯＫ！　すべては小さなことだ
ＯＫ！　自分は今日も生きている

ＯＫ！　できるところから実行しよう

姓名には、仏尊が守りやすい名前と守りにくい名前がある

厄年や空亡を乗り切る秘訣として、姓名のことを述べましょう。最初の姓名（命名）は本人の前世や先祖のカルマと関わっています。四柱推命の運命星や十二星のカルマと連動しており、「この運命星の配置にして、その名前あり」と思うことが度々あります。

天命を歩みやすい名前と、そうでない名前があります。私が提唱している天命姓名学の基本は、「姓名は生命なり」ということです。私は、姓名の〝気〟を感知して判定していますが、姓名そのものが言霊《ことたま》であり、和歌・詩であり、気を発する生き物です。詠んだ時にいい響きがあるかどうかが大事なのです。姓名判断の本は画数でやっていますが、響きも大切なのです。姓名判断も、ある意味では「雅《みやび》」の世界に通じます。

運命学的開運法の中で、最も効果があるのが改名です。なぜ、効果・影響が強いかというと、いつも使うものだからです。

天命カウンセリングの「神仏の世界・気の世界・現実の世界」で、運命学的なもので重視しているのが名前です。神仏も重視しています。天命を歩みやすい名前は、神仏の加護

を受けやすい名前でもあります。名前は特に仏尊の加護と関係が深いのです。

良い名前は仏尊の加護を受けやすく、悪い名前の場合は加護したくても、加護しにくいのです。神仏は守ってあげたいのに、本人の悪い名前のために守護できないのが、とても悲しいのです。

仏教には戒名があります。今は、亡くなってから付けるのが一般的ですが、元々は生きているうちに仏弟子としての名前をいただくものでした。お坊さんは必ず法名をもっています。仏さまの加護が受けられるようにということで、名前を変えているのです。

改名や命名の時に大事なのは、天命を歩むために最適な名前として作ることです。神仏の守護を受けやすくするためですから、産土信仰を行うことが、改名の効果を高めるのはいうまでもないことです。

たとえば、私の雅晴という名前は、だいぶ前に改名したものですが、雅は神道の雅《みやび》の世界に通じます。また、私は日拝が好きなので、「晴」という字を採用したのですが、後にもっと深い感応があったことがわかりました。「晴」を分解すると、「日と月と土」で三貴神を表します。また、タケハヤスサノオノ命が私にとっての産土の大神さま（土）であり、産土の守護仏は大日如来ですから、天命を歩むのに最適な名前として改名を考えた時に、知らない間に守護の神仏との感応が私にあったのでしょう。

私は自分のこのような経験も踏まえ、通常の姓名判断から、「天命姓名学」としてレベルアップさせています。

「姓名は生命なり」で、天命を歩みやすいセカンドネームをもつ

現代は名前を変えるのに抵抗感のある人が多いのですが、名前をあまり変えなくなるのは明治になってからです。それ以前は、一生のうち数回は改名していました。

「日吉丸・木下藤吉郎・羽柴秀吉・豊臣秀吉」といった具合です。秀吉の妻も同様に、「八重」から「ねね」に改名しています。源義経が牛若丸から名前を変えたように、昔は十四歳～十六歳で元服（成人式）を迎え、幼名から成人名に変えていました。日本人は節目を大切にしていたので、節目に名前を変えていたのです。そこで気分を新たに、バージョンアップした自分に変わっていくわけです。

セカンドネーム、あるいはペンネームとしてでもいいですから、良い名前にした方が運命は好転します。初めてカウンセリングに来る人で、すでに改名した名前を使っている人もたまにいます。しかし、その中には、無理に漢字をあてたような名前や、響きがよくなかったり、改名の効果に首をかしげてしまうような名前もあります。

まず、本人が気に入った名前であることが大事です。私は改名を引き受ける場合、天命を歩みやすい名前を三つほど提示して、本人に選ばせる方法をとっています。

そして、天命に向かって本人が歩む時、運命が開けていきます。姓名判断で、姓名は気だというのとまったく同じです。

黒いカルマは、空亡や厄年の時にミソギハライが起きる

空亡や厄年をカルマ的視点でみると、それは清算の時期で、カルマのミソギハライが起こると考えてもよいでしょう。カルマには「前世のカルマ」「先祖のカルマ」「現世のカルマ」があります。空亡や厄年にしろ、不幸現象は単に現世的な問題だけでは説明できないのは、その遠因として前世や先祖がかかわるからです。

先祖は、余徳と因縁の両方をもっています。守護霊さまや守護先祖霊団のように陽としての働きと、先祖のカルマによる苦労・苦難という陰の部分もあります。魄《はく》の世界は子孫に伝承します。昔から「家は三代」といわれるように、少なくとも〝三代〟で見る必要があります。大金持ちの家に身上をつぶすような放蕩息子が出る場合、親もしくは祖父・祖母に原因がある場合が多いのです。

ところで、この世の中は「悪人が栄えている」と見えることが多々あります。なぜ、悪人が栄えるのでしょうか。悪人は総じて、思念の力が強いのです。どんなことでも、強く思えば思念魄によって現象化が起きます。汚れていても、力をもって独立体となると現象化が起きます。それが悪人が一時栄える理由です。

しかし、悪人がある程度栄えたとしても、汚いものは後で必ずミソギハライが起きます。それは自浄作用であり、自分の内在の神仏である「一霊四魂」が、肉体人間に反省させるために起こすといってもいいでしょう。

一霊四魂は肉体人間のさまざまな経験によって、成長・進化する

天命とカルマが陰陽調和された時に、太一（大目的）としての「一霊四魂と心の成長と進化」が起き、光のカルマになっていきます。

大目的　一霊四魂の成長と進化、陰陽調和された地球・美しい大自然・地球人類の平和
目的　天命（志ある生き甲斐）
目標　年間・年代・世代ごとの目標設定

手段　開運法、光の天命実現法

一霊四魂は自らの修行のために、親や環境を自分で選んで生まれてくると考えられます。これを宿命といいます。それが本人にとって、いい修行の場になり、それを土台として、先祖の残した徳の部分である光の魄とも感応します。

宇宙のすべてのものは一霊四魂でつながっているので、カルマの法則が存在します。「全即ち我、我即ち全、万物同根」であり、因果の法則は「作用・反作用」の法則です。

運命学は「魄」の学問です。「霊・魂」の成長のためにこそ、それを活用することです。宿命・運命とは「カルマの総和」であり、カルマの中に天命があります。カルマにも陰陽があり、運命（陽）・宿命（陰）になります。

カルマは同時に、本人の鍛えになります。玉は磨いてこそ光るように、困難は人を成長させます。失敗とは、「この方法では成功しない」ということを発見する貴重な体験となります。その失敗から学べる者だけが成功するのです。

苦しみが生じた場合には、「相手になしたこと」「自分になしたこと」の〝決着〟を今つけるのだと、踏ん切りをつけることです。自己責任の自覚・認識が守護の神仏の大いなる守護につながります。自分の一霊四魂がカルマの法則と連動して、「気づき」「反省」「学び」

の環境を与えます。

苦労・苦難は自分にとって必要な修行であり、耐えられないほどのものは基本的にありません。私が考えるのは能動的に、さらに一歩進めて、「カルマを活用して、自分の人生を創っていこう」という世界です。

一霊四魂は肉体人間のさまざまな経験を通じて、成長・進化していきます。天と一霊四魂は、その人にあらわれる「事実」をもってその人の思考・行動の結果を示します。「自分の環境のすべては我に責任あり」で、完全な自己責任と絶対平等の世界が実はカルマの法則の実態です。

病気やケガも大きな視点でみると、苦痛・痛みによってカルマの意味を知るためのものです。早く意味を知ると、痛みが軽減する形に変化します。質が変化して、カルマの昇華になっていきます。

第3章での私の体験で特に思ったのは、不幸やトラブル、病気は「目覚め」のために人生から与えられる厳しい教育者だったということです。病気は本人の歪みや偏りをあきらかにし、天命の方向に軌道修正させるための、一霊四魂からのメッセージという側面があります。

しかし、病気や不幸の遠因がカルマにあったとしても、結果を大きくするのも小さくするのも自分次第です。ピンチはある面では、自己を変える、天から与えられた最大のチャンスなのです。そういう意味では、一切が感謝になります。黒住宗忠は「難あり、有り難し」と喝破しましたが、私流にいいますと、「カルマあり、有り難し」になります。「わがカルマ、さまざまな気づき、反省、学びを与えてくれてありがとう」

こういう心境になれば、しめたものです。

このようにして、あらわれた因果律（カルマ）から、一霊四魂の内なるメッセージを早く読み取りましょう。不必要なものは一切存在せず、〝すべてがわが師〟なのです。そのためには、自神拝を大いに活用することです。

そして、「気づき、反省、学び」があったら、「行動」あるのみです。地に足をしっかりとつけ、願望を確実に現象化し、現実的に「結果」を出していきましょう。

人間の天命実行は、神仏を元気にする

興味深いのは、人間が天命という光に向かうと、それがその人に縁のある神仏のご開運にもなってくるということです。守護の神仏や縁ある神仏は、天命という光の向こうにある「宇宙の大いなる意志、大調和の光」を浴びるのです。

そして、「人間がここまで天命に向かっているのだから、自分たちが弱ってなどいられない」と、神仏がヤル気と元気を出してくるのです。

天命に大きく歩む時、ルーツの守護の神仏だけでなく、他の神仏も「祈らずとても神や守らむ」という状態になります。もちろん祈った方が当然、良いのですが（笑）。

実際に私がカウンセリングをしていると、あまり神仏に手を合わせなくても、天命の方向に勇気をもって歩んでいる人は、守護神・守護仏の数が多いのです。逆に、神仏にはいつも手を合わせているけれども、単なる〝おすがり〟で、自分の人生を他人まかせにしている人（他人に責任転嫁している人も）は、守護の神仏の数が少ないのです。

そういう面では、最も守護神・守護仏・先祖霊団の数が多いのは、天命を歩み、かつ守護の神仏にも心を向けている人だということになるのは当然でしょう。

この〔人間の天命実行＝神仏のご開運促進〕について、霊能のあるFさんは次のように話してくれました。

「若き日の先生が、天命という灯台の光に向けて、向かい風の中、髪の毛が風でさかだちながら、眉をあげて必死に歩んでいく姿が、ヴィジョンとして霊視《み》えました。先生が先頭で、後ろに神仏がついている感じでした」

私自身にもそんな実感があります。人間が先頭であり、その後ろに神仏がいるのです。ま

宇宙の大いなる意志
大調和
天命
人間が光に向かっているのだから自分たちも頑張ろう！
守護の神仏
人間が天命の光に向かって歩む時、神仏はその奥の「宇宙の大いなる意志」の光を見て、元気が出る

さしく「御蔭様」であり、〝後押し〟です。そのことを神さまにうかがったところ、

「だから、あなたには大いなる守護があったでしょう」

と答えられました。

「そうですね、何度も危ない時がありましたが、なんとかなりましたものね。本当にありがとうございます。今後もいろいろあるでしょうが、よろしくお願いいたします」

厄年や空亡（天中殺）を乗り切る最大の秘訣は、天命という灯台の光に向けて歩むことです。そうすることで、自分の守護の神仏を元気にしていくことなのです。

「人生、意気に感ず」

人間がこの心境で歩む時、神仏も「意気に感ず」になるのです。以前、神仏にうかがっ

たことがあります。

「どうして神仏は人間を守護するのですか」

「理由は特にない。ただ守護したいから、守護しているのです」

私は深く感じ入りました。要は神仏が守護したくなるような人間になれば、いくらでも大いなる守護が発動するのです。神仏が守護したくなるような人間とは、「陰陽調和された地球、美しい大自然、地球人類の平和」を願い、大自然を愛し、自分の天命に向かって歩む人なのです。

第7章

天地自然の道理に順応して、「神ながらの道」を歩む

神ながらの道は「天地自然の道理」である

古神道は、「神ながらの道」といわれています。神ながらの道とは「神とともに生きる」「神さながらに生きる」「神人和楽」「大自然とともに生きる」などの意味があります。

神ながらの生き方とは次のようなものです。

「神仏の大いなる守護のもと、天地自然の道理に順応し、その中で自分の天命に向かって人間の智慧《ちえ》を最大限に発揮する」

天地自然のバイオリズムと自分が違ってしまえばうまくいきません。そういう人に限って、「神仏を拝んでるのにうまくいかない」と不平をいいます。大自然の摂理の奥に神仏がいるのですから、神仏に手を合わせる人は天地自然の道理に順応する必要があります。

水野南北翁は次のように喝破しています。

「天地自然に相がある。それと、人間の姿は同じだ」

東洋運命学では、陰陽五行が基本的考えです。地球を中心にすると、太陽が陽、月が陰です。太陽は地球の四万倍、月の直径は地球の四分の一と、大きさも地球からの距離もまったく違います。しかし、皆既日食やダイヤモンドリングという現象があるように、見かけはほぼ同じ大きさです。ここに宇宙の摂理があります。

そして、太陽（陽）と月（陰）が調和されているから、地球に生き物が育っています。陰と陽が対等でそれぞれの働きを行うことで、調和されてきます。これは宇宙の摂理・神仏の摂理なのです。

大自然の運行を見て、人間の運勢・運命も観ようというのが運命学です。人間も大自然の一部であり、ミクロ・コスモスですから、大自然のバイオリズムに順応することが大事なのです。逆らっても勝ち目はまったくありませんから（笑）。

人生を天気に例えますと、晴れた日は元気に外で働き、雨になったら傘をさし、どしゃ降りになったら雨宿りをすればよいのです。神道は「大自然をもって教典となす」としますが、人生も天地自然の巡りとまったく同じように考えることです。

神話の中に、「天照大神の三大神勅《しんちょく》」があります。三大神勅は人間が生きる指針を示しており、次の三つになります。

○天壌無窮《てんじょうむきゅう》の神勅――永遠なる発展・繁栄、成長・向上
○宝鏡奉斎《ほうきょうほうさい》の神勅――祭祀、自神拝の勧め
○斎庭《ゆにわ》の稲穂の神勅――天地自然の道理に順応して人間の智慧を発揮する

稲には、苗を育て、梅雨を越し、夏の太陽で育ち、秋に実るという運行があります。冬に田植えしても育ちませんし、夏に刈っても稲は実っていません。稲刈りは秋にしかできないのです。

しかし、大自然の運行に任せたまま何もしないでいると、雑草が生えたり、害虫にやられたりしますから、良い実りを得るためには手入れが必要です。米は〝八十八〟の手間がかかるので「米」という字になっている、という説もあるくらいです。大自然の運行に順応しつつ、人間が智慧を発揮すると栄える、というのが「斎庭の稲穂の神勅」なのです。宝鏡奉斎の神勅（自神拝）と斎庭の稲穂の神勅を実践することで、最初の「天壌無窮の神勅」である発展・繁栄、成長・向上になっていきます。

人生は「神仏・気・現実」の三位一体で考察する

人生の開運は「神仏・気・現実」の三位一体の調和にかかっています。「神仏」とは日拝、自神拝、うぶすなになります。「気」とは大自然の運行も含めた東洋運命学の世界で、運勢や適性、相性、方位、姓名などに関わる部分です。「現実」とは、ヴィジョンを描いて、具体的目標に向かって戦略・戦術で物事をおし進める、成功哲学の世界です。

　私自身はもともと、成功哲学や潜在能力の開発が好きでした。しかし、成功哲学だけではうまくいかない人が多いのです。「なぜだろう」と思っていたのですが、それが運勢などの「気」の世界なのです。空亡の時に物事を始めても、なかなかうまくいきません。逆に、運命学ばかり重視する人は、運勢や方位の吉凶だけで動いてしまって、ヴィジョンがおろそかになってしまう人も多いのです。

　科学の発達だけでは人間は幸せになれないのは、現代社会を見れば自明のことです。神仏に頼むだけでも無理であり、では気（運命学）だけを観ればいいかというと、それも不十分だといえます。人間は現実の肉体世界に生きているから、ヴィジョンを立てることが大切です。

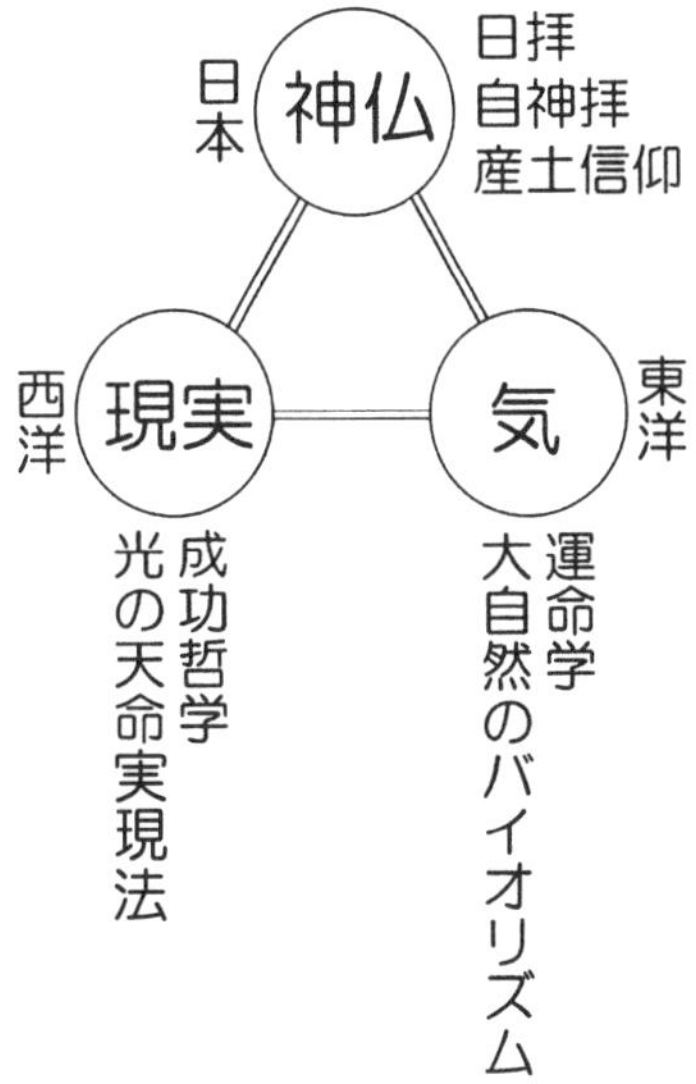

　神仏の世界は日本流です。気の世界は東洋流です。成功哲学や潜在意識の活用法、ヴィジョンの立て方は西洋流です。このように、西洋・東洋・日本のいいところを合

わせて、三位一体バランスよく調和させればよいのです。

「日本流・西洋流・東洋流」のそれぞれの特長を活かすということです。いいものはみんな活かせばいいのです。調和させた時に、真ん中にニューバージョンが生まれます。

まず、自分の目的、目標設定をします。次に、いつ、どうやるかという手順・タイミングを運命学で調べます。そして、神仏の「高き尊き御神威、広き厚き恩頼・御仏徳」をいただいて後押しをいただくのが、人生の達人なのです。

「成功の五原則」にのっとると、人生はうまくいく

人間には、成功する人と失敗する人がいます。同じように努力していても、なぜ成功する人と失敗する人が出てしまうのでしょうか。

人生の成功の秘訣を一言でいいますと、天地自然の道理にのっとり、天命を歩むことです。天命を歩み、成功をおさめるには、「成功の五原則」にのっとることが大切です。以下に「成功の五原則」を述べましょう。

○志を高くもつ

まずはしっかりと志（心構え）をもちましょう。何のためにそれを行うのか、その意義・

目的・目標を明確にして、本気で打ち込みます。天命に向かって行動する時、おのずと道が開けてきます。

〇実力をつける

何事にも本人の実力が必要です。天命を行う上で必要な実力を養うために、資格、技能、技術を身につけることです。そのための努力、勉強を惜しんではなりません。実力をつけていくための目標を立てることからスタートしましょう。

〇天の時

自分が行おうとしている事柄が、時代の要請（ニーズ）に合っていることが、成功のカギになります。また、個人の運勢、タイミングも一種の天の時になります。前述のように「幸福の女神は三回来る、後ろ髪を捕まえろ」という諺があります。「運気に乗る」という視点をもち、チャンスを逃がさないことです。

〇地の利

どこで行うか、という場所の選定もとても大切です。お店などはロケーション（立地条件）によって、大きく売り上げが変わってきます。事前に十分なリサーチが必要です。

〇人の和

家族、スタッフや取引先、友人知人の協力態勢をつくります。神仏は縁をもって開運しますから、自分の縁ある人たちを活用して、協力を仰ぎましょう。

「成功の五原則」がそろえば必ず成功します。これも天地自然の道理です。失敗はこのうちの何かが足りないか、方向が違っていることを示します。

「天は事実をもって示す」という格言があります。今述べた五つのうちの何が問題なのかを反省し、そこを改善していくことです。自分の目標設定も、この「成功の五原則」にのっとって書き、さっそく実行しましょう。

天命を歩むことで、面白い人生、見事な人生にしていく

天地自然の道理は「神仏の摂理」でもあります。天地自然の道理を踏まえて、自分の天命を歩むことです。天命とは志のある生き甲斐のことです。

人間の感情のうち、「陽気さ・うれしさ・楽しさ・おもしろさ・感謝」が神仏が好む感情といいます。これは天命を歩んでいる時によく出る感情です。面白くないとやる気はでません。天命は面白いことですが、ラクなことではありません。ラクなだけだと、人間は精神が腐ってきます。天命を歩むことで、面白い人生、見事な人生にしていきましょう。

天命を歩む時、運命学でいう〝良い運命は当たり、悪い運命は当たらなくなる人間〟になっていきます。そして、自分の運命以上の大いなる働きができるようになります。また、天命を歩み出すと、今かかえている問題や悩みの意味がわかり、そこから解決策がみえてきます。私自身、自分の天命を歩むにしたがって、いままでの悩みの意味を理解し、その認識を踏まえて運命が大きく開けてきたことを実感しています。

今後は、自分の天命を行ってグーンと伸びていく人と、従来の価値観や思想のままで伸び悩む人というように、はっきりと二極化していくと思います。本人に「天命」という認識がなくても、やっていることがそのまま天命になっている人たちもいます。仕事を通じて地球の調和や人類の平和・発展に貢献している人も大勢います。それはそれでいいのですが、〝天命〟として明確に意識化した方が結果が出やすいのです。

天命への志がある者に大いなる守護が発動します。天命を歩む時には、「おかげ様」からの強い後押しがあります。なぜかというと、守護の神仏は人間に天命をやってほしいと思っているからです。だから、「天職を行うと、運が向いてくる」という格言は真実を言い当てているのです。天命を歩むことで、人生が何とかなっていくのです。

そして、天命の方向に向かって歩んでいると、自分が好きになり、過去が肯定できてきます。自分がキライという人は、天命を行っていないからキライなのです。

現在、天命をやっていない人でも、天命に向かって歩んでいくという志をもって歩みだしていけば、自分が好きになってきます。天命という認識で行うことで、超開運法として抜群の効果があがるのです。

天地自然の道理を学び、「人生の達人」を目指す

このような視点で、私は「天命人間学講座」や「天命カウンセラー養成クラス」を開催し、指導しています。これらは〝実学〟の世界ですから、自分にとってもたいへん便利です。知っておくと助かることや、自分でなんとかできることがたくさんあります。

これらの講座を通して、自分が〝人生の達人〟になるとともに、周囲の人もいっしょによき人生にする方法を指導できる人材を育成しています。

人生の達人とは、トラブルや不幸現象が起きない人間になるという意味ではありません。何があっても「ただでは起きない」「禍い転じて福となす」ことが出来る人のことです。精神的に打たれ強いだけでなく、開運法などで《切り返しの方法》を駆使してこそ、達人なのです。

人生で何もトラブルがない〝幸福な人生〟などはあるはずがありません。空亡も十二年

に一度来ます。人生には大自然と同じように、きちんとバイオリズムがあるわけですから、必ず定期的に運勢が落ちる時があります。

どんなに立派な人間でも、また、神仏を信仰していても、必ず何らかのトラブルや不幸現象は起きてきます。その時に、その出来事を「気づき・反省・学び」の糧《かて》として、バージョンアップできるのが人生の達人です。それが、面白い人生、見事な人生を生きる人です。

私が指導している天命カウンセラーの場合は、自分で開運できる「自立」の世界を伝授しています。天命カウンセラー養成クラスには、プロの占い師の方も勉強にくることがあります。占い師として「よく当たる」といわれていても、開運する方法（メソッド）がわからないので、私のところに勉強をしに来るわけです。

人生の達人育成クラスや天命カウンセラーは、軍師的世界も学びます。軍師の軍に「しんにょう」をつけると「運」になります。〝運をつける〟のが軍師なのです。「どうやったらうまくいくか、どうやったら運用できるか」を考えるのが、兵法（軍略・戦略・戦術・後方支援）の世界です。

よく「自分は正しいことをやっているのに、なかなかうまくいかない。世の中間違っている」という人がいます。正しいのにうまくいかないのは、成功のための軍略が足りないからです。

いくら正しくても、真正面からぶつかっていったらダメになることもあります。「押してもダメなら、引いてみる」「正面でうまくいかなかったら、横から攻める」ということです。皆さんも人生における傾向を知って、対策を打てるようになりましょう。

要は「天地自然の道理」を学び、具体的に判断していくための〝道具〟が運命学だということです。すべてを活かそうという気持ちは、〝心の岩戸〟を開く行為です。そうしていくと、だんだんと人生の達人になってきます。

生きる智慧が湧くコツは、他者と自分をともに活かすこと

さて、読者の皆さんに、生きる智慧が湧くコツについて説明しましょう。近江商人の格言に「相手良し、自分良し、世間良し」の〝三方良し〟というものがあります。共存共栄という言葉がありますが、この三方良し、一石二鳥ならぬ〝一石数鳥〟を行うのが智慧になります。

まず、何事にも知識と体験が必要です。「知識＋体験→分析」となります。分析とはAかBか、良いか悪いかなど二者択一の世界です。しかし、分析だけだと、バージョンアップ

がありません。これでは横の変化です。右か左か、どっちがいいかと考えている間は直観力は生まれません。

智慧とは縦に変化(次元アップ)、昇華させたものです。二者択一し、一方を切り捨てるのではなく、「両方活かすにはどうしたらいいか」と調和する方法を考えるのです。「他者と自分をともに活かそう」と思った時に、直観がひらめき、智慧という形で次元上昇します。「両方活かし、調和させるにはどうしたらいいか」と考えた時に、直観力が生まれます。立体的に両方を満たす部分があるのです。

①両者を客観的に観て、分析する
②知識・体験などいろいろなものを総合的に考えて、物事の本質を洞察していく
③両方を「活かそう」と考える
④両方の長所を活かすインスピレーションを湧かせる
⑤第三の道として、「一石数鳥」を狙う

両方活かすだけでなく、それを合体させてバージョンアップできることもあります。インスピレーションが湧く時に、一石数鳥が起こるのです。本質は何かと洞察していると、一

石二鳥、さらに一石数鳥のインスピレーションが湧くことがあります。私が提唱している神仏のご開運を祈ること自体も「第三の道」です。これも、神仏の本質を洞察して、調和させ、人間も神仏もともに活かそうと思ったからこそ出てきたものです。

智慧というのは、限定された範囲で考えない「第三の道」です。

「人間のご利益」を祈るか、「神の御心のままに」のどちらかだったのを、第三の道である〝神仏も人間も共にＯＫ〟の祈りを提示したのです。そうすることによってオールＯＫの道（智慧）があらわれました。

会社と自分の関係もそうです。「会社のためだったら、自分の時間は犠牲にするしかない」とか、「自分の生活が大事だから、仕事は適当でいい」ではなく、「会社も自分も両方がＯＫになる方法はないかな？」と考えることです。さらに、「自分・会社・地球」がすべて良しになるようにしていこうとすることです。

そして、智慧がどんどん積み重なってくると、応用がきくようになってきます。智慧が蓄積されると〝道〟になります。これを神道では「神ながらの道」といいます。神ながらの道は一言でいいますと、〝生命を活かす道〟なのです。

神ながらの道＝生命の道

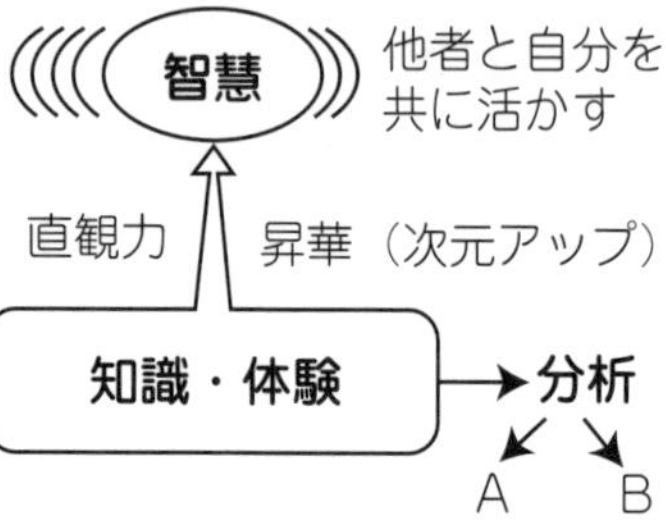

ともに活かそうと智慧を出していけば、必ず調和された「第三の道」はあらわれます。その陰陽調和が地球全体におよぶことを宇宙は望んでいます。大調和こそは「宇宙の大いなる意志」だからです。

審神（サニワ）の原理――霊的世界も天地自然の道理に従う

この世界が天地自然の道理に従うことが大切であるように、霊的世界も同様に、道理の中で成り立っています。一般社会では道理に従うのに、霊的世界や宗教的世界となると、その視点を欠いている人を見受けます。

古神道には、審神（サニワ）という判定システムがあります。これは文字通り、神を審判するという意味で、霊的世界のコンパス（羅針盤）にあたります。現在は霊的現象・精神世界の百花繚乱で、サニワ的視点から観ますと、たいへん危ういのです。

天命カウンセリングにおいても、霊的な事柄の相談が時々ありますので、ここで判断の目安（ポイント）をいくつか述べておきましょう。

○神霊界もこの世と同じく、「道理」のもとにある

内容は超常識（常識を超えた）ではあっても、〝非常識〟ではありません。見えない世界（神霊界）も見える世界（現世）も「天地自然の道理」のもとにあります。その内容が「道理」として納得できるものかどうかが、判断の基準になります。相手の言動が非常識な場合は低レベルの存在と感応しているか、単なる妄想です。

○霊的現象にはピンからキリまでレベルがある

霊的現象は次元的にはピンからキリまであります。そのレベルは〝宇宙存在〟というべき高次元の神仏から、低級霊まで幅が広いのです。また、その人が霊的現象と思っていても、気の作用、単なる思い込みの場合も少なくありません。

○高級神仏ほど、人間の意志を尊重する

高級神仏は人間に命令しません。人間の尊厳性を認め、その意志を尊重しています。もともと大いなるアイデンティティーがあるので、自分自身をひけらかしたり、尊大な態度をとりません。当然、祈りも御供物《おくもつ》も強要しません。

○高級神仏は脅したり、相手を不安にさせない

高級神仏のイメージは徳の高い長者のイメージです。徳の高い人は相手を脅したり、不安にさせることはしません。むしろ温かく相手を包み、安心の世界へと導きます。同時に、人間をただ甘やかすことはせず、人間の成長を見守り、導きます。なぜなら、神仏は守護者であると同時に教育者だからです。

○神霊や霊的現象は本人と相応の関係がある

すべてが「相応の法則」になっており、その人の志やレベルに応じた霊的存在が感応します。すべての現象が「本人の心の鏡のごとし」です。ホンネから志を高くもちましょう。霊的現象をサニワする場合、まず自らを省みることが大切になります。

○霊的能力と人格はまったく別物

すごい霊能力や超能力があると、人格もそれに相応するように勘違いしている人がいます。しかし、これらの能力と人格は別の次元のことで、霊的能力は文字通り〝能力〟でしかありません。オリンピックでメダルをとる選手が、必ずしも人格円満でないのと同様です。能力は能力、人格は人格できちんと区別すべきなのです。

○すごい霊能力と高い霊能力も別

透視や念力、霊感などの能力は、一般の人から見ると「すごい」と思いますが、一般の人がすごいと思ってしまう能力が必ずしも高い能力ではありません。高次元になればなるほど、微細なエネルギーになって、人間が感得するのはむずかしくなります。

○霊的能力に自分のアイデンティティー（存在意義）を求めない

私が長年カウンセリングをしていて、霊的におかしくなっていく人はだいたい自分から神秘現象や霊能力を積極的に求めている人です。霊能力はあくまでも〝手段〟であり、大切なのは目的です。人間は自分の天命（人生の目的）を歩むことが大切であり、霊能は枝葉ごとです。霊的能力・現象そのものに自分のアイデンティティー（存在意義）を求め始めると、そのエゴに相応した低次元の存在と感応しやすくなり、たいへん危険なことになります。

○何事も「中道」が大切

神仏や霊的世界に偏り、現世を軽視する人がいます。現実世界のことは当然、現実的な対応を最優先すべきです。読者の皆さんも物質世界のかしこい消費者となると同時に、〝かしこい霊的消費者〟になっていただきたいと思います。

私はたまに会員から質問されることがあります。

「山田先生は、もし直霊の大神との合体が解除されたり、多くのワケミタマが元の御座に帰ったらどうしようとか、不安になりませんか」

私はこう答えます。

「べつに。神秘体験以前に自分のアイデンティティーが既にありましたからね。むしろ神秘体験の時、いままでの自分のスタンス（人間学）が崩れるのじゃないかと不安がよぎったくらいです。今後、仮にそうなっても、私は自分の天命である天命人間学と人材の育成のための活動を元気良く行うだけです（笑）」

あくまでも「人間としてどう生きるか」が大切なのです。

古神道を超えて、新たな「天・地・人」の生命哲学へ

二十一世紀になって、人類には宇宙の大いなる意志、大調和に基づく意識改革が求められています。ゴータマ・ブッタ（お釈迦さま）の原始経典『スッタニパータ』（『ブッダのことば』中村元訳・岩波文庫に所収）の中に、「一切の生きとし生けるものは、幸せであれ」という言葉があります。とてもいい言葉です。人間は、人間の幸せのみを願いがちですが、大いなるご存在は人間も動植物も含めて、一切の生きとし生けるものが幸せになってほしいのです。

神ながらの道とは「生命の道」です。私も「一切の生きとし生けるもの幸せであれ」という願いをもって、そのために自分に何ができるかを考えるようになりました。

私は古神道家としてスタートして、段階的に「生命哲学の思想家」へと意識が変わって

いきました。古神道家だと神仏寄りのスタンスになりますが、思想家は〝地球の調和・人類の成長のため〟というスタンスでとらえられます。そして、「神仏・大自然・人間」とも等距離にあるのが思想家です。

まず、古神道家としての長年の研究と修行があって、次に、神道教師として産土信仰の実践と普及に努めました。その過程で神仏との感応があり、ワケミタマになって、神業と特別セッションの世界に入っていきました。次々にバージョンアップするうちに、自分の直霊の大神との合体がありました。そして、大いなる神仏のご開運をしている中から、神仏のさらに上位概念としての「宇宙の大いなる意志」に行き着いたのです。

これらの経過があって、次のことがハッキリわかってきました。

「宇宙の大いなる意志の下に、神仏の世界があり、そして大自然界・人間界がある」

こうして、宇宙の大いなる意志という二十一世紀の新たな「天」の思想、古来の産土という「地」の思想、天地とつながる一霊四魂論による「人」の思想、この「天・地・人」の三位一体の生命哲学を目指すという大きな思想の柱が立ったのです。

前述のように、私の天命は生命哲学としての「天命人間学（特に一霊四魂論、天命論、カルマ論）」の確立、人材の育成です。さらに、後世の人たちに天命人間学、地球神道、地球密教を実践と著述を通して提示することも天命にしています。

不思議なことに、私が思想家の意識になってから、むしろ神仏との交流が進んできました。人間が神仏に近づくのではなく、志（目的）が明確になることで、神仏がこちらに近づいてくるのです。私はこれからは、この「天・地・人」の三位一体の生命哲学にのっとった、陰陽調和された産土古神道《うぶすなこしんとう》の地球的復活を目指していきます。

「うぶすな」はオンリー・ワンの世界

開運の基本である「うぶすな」はオンリー・ワンの世界です。産土神社は基本的には、自分が産まれた時、両親が住んでいた場所の近くの神社ですが、距離的に一番近くの神社とは限りません。なぜなら、産土の大神は自分の一霊四魂との縁で産土の大神が決まるので、離れたところにある神社が担当することもあるからです。

その国を統括している一の宮の大神さまが産土さまになっていることもあります。あるカウンセリングで、熊本県南部の人の産土神社をリサーチしたところ、北部にある肥後国の一の宮の阿蘇神社が産土神社でした。話を聞くと、阿蘇神社の近くに取引先が多いといいます。本人も「どうして阿蘇の方にばかり行くのかな」と思っていたそうです。

私も当初は、産土神社は従来の神道理論のように、すぐ近くの神社だと思っていました。

ところが、「近くにいくつか神社があるので、どの神社か特定していただけないですか」という相談者からの依頼で、神道フーチでリサーチしてみると、近くではあるけれど、必ずしも一番近い神社とは限らないケースが続出しました。よく「この地域はこの神社が氏神さんですから」といわれますが、神社の氏子区分とも一致しませんでした。

同じ地域に生まれても、なぜ産土神社が人によって違うのか、その時にはわかりませんでしたが、後にその人の一霊四魂の縁によって、担当する産土の大神が決まることがわかりました。

要は人間の一霊四魂の縁の中で、「うぶすな」があります。一人ひとり一霊四魂は違うのですから、当然、産土の大神もオンリー・ワンになってきます。だからこそ、きちんと自分の産土神社に参拝すれば、〝おかげ〟をいただけるということです。むやみに神社に参拝するのではなく、自分にとっての担当の神（わが神）のいます神社だからこそ、開運法として効果があるわけです。とてもありがたいことであり、深く納得しました。

私が産土神社開運法にたしかな手応えを感じているのは、相談者に対し、〝その人にとっての神社〟を特定し、その人のルーツの神さまを〝一生の守り神〟として拝んでもらっているからです。私は相談者に次のように説明しています。

「産土神社のリサーチは、あなたのたましいのルーツ探しなのですよ。産土神社を知ることは一生の宝になります。産土の大神さまはあなたが生きているうちも、死んでからも助けてくださる身内の守り神なのです。まず、このカナメを押さえてから、ほかのさまざまな神社に参拝するのが良いのです」

今住んでいるところの守護神が鎮守の大神さまです。同じ地域に住んでいても、人によって鎮守さまは違います。市や県をまたがった形で担当することもあります。近世になって、人間側の都合で市や町を区切っていますが、神社は江戸時代以前から鎮座しています。

また、現住所の鎮守の大神も産土の大神の縁で決まります。産土神社や鎮守神社だと思って、近くの神社に参拝しても、違っていたら、たいへんもったいないわけです。せっかくですから、正確にそれぞれの神社を特定した方がよいでしょう。東洋医学で、確実にツボを押さえることが治療効果が高いのと同じです。

また、産土神社はその人が産まれた時に両親が住んでいた場所（産婦人科病院ではない）からリサーチしていきますが、同じ場所で産まれた兄弟姉妹の場合も同じ産土神社になるとは限りません。天命カウンセリングで、同じところで産まれた家族四人を調べたことがありますが、二人は同じ産土神社でしたが、あとの二人は違っていました。また、産土神社が同じ二人でも、産土の大神さまはまた違うのです。それは同じ学校に通っていても、それぞれ担任が違うのと同じです。

おもしろいのは、家族の産土神社や鎮守神社をリサーチしていくと、それぞれ神社は違っても、大きな流れとしては不思議な縁でつながっていることです。たとえば、ある人は鎮守神社が住吉大社（海神）だったのですが、その母や婿を調べたら、産土神社が海神の八幡神社でした。

「自分や家族の産土神社や鎮守神社がわかり、胸がスッキリしました。こんなに家族同士の神社が縁があったとは思いませんでした」

こういう感想を述べる人が多いのです。〝見えない縁〟をきちんとすると、現実の〝見える縁〟が整ってきます。

自分や家族の産土神社や鎮守神社を正確に知りたい人は、私か、私の天命カウンセラー養成クラスを受けた天命カウンセラーが全国にいますし、通信リサーチも行っていますから、リサーチしてもらうとよいでしょう（本書巻末の案内参照）。

後天的に貴神(天佑)をいただき、守護の存在が驚異的に増加する方法とは

四柱推命の中に太乙《たいおつ》貴神《きじん》、天徳《てんとく》貴神《きじん》、月徳貴神などの「貴神」という吉神星があります。

貴神とは一種の天佑(天の助け)です。貴神は、ある人もいればない人もいます。また、あっ

ても何年か後でないと、貴神が発動しないという場合もあります。

生年月日の宿命の中に貴神がもともとある人はいいけれど、ない人はどうするかという問題があります。実は後天的に貴神的働きを受ける方法があります。それが、「うぶすなの普及」なのです。

本書では「うぶすな」のことを皆さんに紹介しましたが、今度は皆さんがいろいろな人に、「うぶすなが大事なんですよ」と産土さまのことを教えてあげることが、自分自身の天佑・貴神を後天的にいただく方法となるのです。なぜなら、守護の神仏やご先祖さまがたいへん喜び、積極的に守護してくださるからです。

「陰陽調和された産土信仰の普及」を積極的に行うと、自分の守護の存在の数が飛躍的に増え、大きくパワーアップします。私も大いなる神秘体験が起きる前から、すでに守護先祖霊団の数が約二万柱になっていました（一般の人の守護先祖霊団の平均は五十柱～八十柱です）。「うぶすな」をみんなに教えるようになってから、私の守護の神霊パワーが激増したのです。

それで、私自身もラッキーなことが増えました。おかげさまで、空亡・厄年を乗り越え、大いなるスパイラルアップができたわけです。私は会員さんからいわれることがあります。

「先生は強運ですね」

自分の神仏・先祖が
相手の神仏・先祖から感謝される
ルーツの神仏
ルーツの神仏
先　祖
先　祖
相談者
自分の守護神・守護仏・守護先祖霊団が
パワーアップする

「ありがとう。でも、私はもともと強運だったのではなく、だんだんと強運にしていったんですよ」

産土信仰の普及をすることで、私自身の守護神・守護仏・守護先祖霊団が、むしろ向こうから積極的に私を後押しするようになったのです。祈って守護をアップする世界から、向こうから積極的に守護するというバージョンになりました。

同様に、産土信仰を普及している天命カウンセラーも確実に、守護の存在の数が増えています。この増え方は、激励の増え方です。「もっと産土さまのことを多くの人に話してあげてほしい。頼むぞ」という神仏か

平成　　年　　月　　日

氏名　　大・昭・平　　年　　月　　日（　　年）生まれ 氏の光信号との意思確認を実行してよい	
守護霊 守護パワー	最弱 ｜ 弱 ｜ 普通 ｜ 強 ｜ 最強 ｜ 超最強　です
守護霊 守護の度合い	0　10　20　30　40　50　60　70　80　90　100　です
高級守護 先祖霊団	〔 0～29柱 〕　〔 30～49柱 〕　〔 50～69柱 〕 〔 70～89柱 〕　〔 90～100柱 〕　〔101～199柱〕 〔200～499柱〕　〔500～999柱〕　〔 1000柱以上 〕
御祖《みおや》の大神 守護度	0　10　20　30　40　50　60　70　80　90　100　です
直霊《なおひ》の大神 守護度	0　10　20　30　40　50　60　70　80　90　100　です
産土《うぶすな》の大神 守護度	0　10　20　30　40　50　60　70　80　90　100　です
産土の大神 系統守護	本人　　父方　　母方
産土の守護仏 守護度	0　10　20　30　40　50　60　70　80　90　100　です
鎮守の大神 守護度	0　10　20　30　40　50　60　70　80　90　100　です
産土神社　　鎮守神社（自宅・職場）　　守護神社ネットワーク	

神道フーチでの「守護の神仏・おかげ様パワー」リサーチ

らの激励なのです。それによって守護の神霊パワーが増えていき、天命カウンセラー自身がだんだん開運していくわけです。

「うぶすな」の世界は一人ひとり違いますから、私一人では希望するすべての人々をカウンセリングするのは無理です。そのために、私は「神道フーチ超開運法クラス」や「天命カウンセラー養成クラス」を開催し、産土神社や鎮守神社をリサーチできる人材を養成しています。

天命カウンセラー養成クラスでは、天命に最適なジャンルやどの開運法が最適かもリサーチします。さらに、神道易、天命九星気学、神道四柱推命、天命姓名学、光の天命実現法（光の天命思念魄《ぱく》による願望達成術）なども伝授しています。平成十五年から、経営者・管理職のためのクラスやヒーラー（治療家）のためのクラスも開催していく予定です。

そして、できるだけ多くの人々に「うぶすな」の世界を伝えて、自分も開運し、相手にも開運してもらい、そして、世の中も明るくなってほしいと願っています。

誰かに「うぶすな」のことを教える時、相手の背景（守護の神仏）は喜んで、「よくいってくれた」と感謝します。相手の〝おかげ様〟から、自分自身の〝おかげ様〟が感謝されると、「もっと守護を強化してあげよう」となるわけです。そして、自分の環境が変わっていきます。〝おかげ様〟が「もっと天命をやりやすい環境にしてあげよう」と環境を整えてきます。これを、〝自分の背景を動かす〟といいます。

日本も地球も大きな意味での「空亡」に入っています。空亡の時は「気づき・反省・学び・行動」が大切です。日本人、さらに人類も同様です。もう一回、自分を見つめ直せという、天からのメッセージなのです。それが、ピンチがチャンスに変わるきっかけになり、二十一世紀が本当の意味で、新たな千年紀になります。

それは太古の智慧である「うぶすな」の再評価から始まります。まずは、自分の産土神社や鎮守神社をきちんと認識し、さらに進めて、陰陽調和の「うぶすな」の普及に力を貸していただければ幸いです。

人類の守護神・宮中ご八神と「うぶすな」の世界

ここで、天地自然の道理という立場から、再び「うぶすな」の世界観について述べましょう。

私たちが立っている大地は実は、産土の大神の体です。産土の大神は人間だけを護る神さまではなく、動植物、山川草木を含めて、大自然そのものの生命を守護する神さまです。

それは、大自然が産土の大神さまの身体だからであり、そこに生まれた生命を育むのが産土さまなのです。人間もその大地に生まれた子どもだから、守護してくださるわけです。

皇室や古代氏族が古代より祭った神さまの中に、宮中ご八神（御巫《みかむなぎ》ご八神）がいます。タカミムスビノ大神、カミムスビノ大神、イクムスビノ大神、タルムスビノ大神、タマツメムスビノ大神、オオミヤノメノ大神、ミケツノ大神、ヤエコトシロヌシノ大神の八柱です。

宮中ご八神は日本の民だけでなく、本来は人類を守護する神々です。それぞれがシュメールのご神名もお持ちの太古神です。易でいう八卦にあたる神々でもあります。それぞれが人類を守護する神々を古代の日本人が祭っていたということに、その智慧の深さを感じます。地球神道としてとらえる時、「宮中ご八神」への感謝と祈りは欠かせません。

御食津大神《ミケツノ》(御饌津大神)は食物の神さまです。御饌《みけ》とは、神社でお供えする海の幸、山の幸のことです。御食津とは「御毛津」であり、大地の植物は神さまの御毛だということです。海の幸、山の幸というのは、神さまの身体なのです。ミケツノ大神さまが入っているところに、産土的なものがあります。

植物は、産土のお身体から生まれたミケ、神さまの毛です。木も毛です。神話で、スサノオノ尊がヒゲを抜いてフッと吹いたら、木になったとあります。私たちが食べている野菜も産土さまの身体です。私たちは産土さまに生かされているわけです。だから、大自然に感謝し、大切にしてこそ、産土さまのご神徳をいただけます。

また、宮中ご八神にはムスビの大神さまが五柱います。産土の大神は、その土地の産霊《むすび》をつかさどる神です。日本はそういう面では、皇室ではムスビの神さまやミケツノ大神を祭り、一人ひとりも土地のムスビやミケをつかさどる産土の大神さまに祈ってきた国なのです。

うぶすな思想「神人同質、万物同根」は地球時代のパラダイム

世界の歴史を見ると、戦争の時代と環境破壊の時代とはダブっています。環境破壊と戦争はだいたいセットで起きます。戦争の時には木を伐採したり、枯葉剤をまいたり、川に毒を流したりと、環境破壊が必ず伴います。このように、「人類の平和」と「地球の大自然との調和」とはセットなのです。

現実的にいうと、地球環境は危機的状況です。核戦争が心臓麻痺だとすると、環境破壊はガンだといわれる通り、地球は確実に蝕まれてきています。地球の温暖化と森林の急激な減少によって、世界中で砂漠化が進行しています。地球上の四分の一が砂漠化しており、実に恐るべき状態です。それは同時に、世界的規模で「うぶすな」の力が弱っていること

ご神木は神宿るヒモロギ

を意味します。

「うぶすな」の世界は森の世界です。森には生命が満ちています。神社に鎮守の森があるのは必然なのです。「うぶすな」は森の信仰といってもよいでしょう。

万物は同質であり、万物は同根です。大地も生命です。森林や環境を破壊する行為は、産土さまの身体を破壊していることになるのです。それは同時に、自分の根本を破壊していることでもあります。

日本でBSE（いわゆる狂牛病）の騒ぎが起きたのも、天地自然の理に反したことを行ってきたからです。草食動物である牛に肉骨粉を食べさせたり、子牛に牛乳を飲ませず、代用乳を飲ませていたこと自体が、天地自然の理に反しています。これでは病気になるのがあたり前です。

家庭でも陰陽調和、父と母の調和が大切です。父と母が調和された時に、家庭は憩いの場、安心の空間になります。生命を大事にするというのが「うぶすな思想」です。日本の産土信仰を地球的に発展させたうぶすな思想「神人同質、万物同根」は、地球時代のパラダイム（潮流）であり、生命哲学の方向性になっていくことでしょう。

日本では「うぶすな」といっていますが、世界中の神話の中にも大自然の神に対する信仰があります。古代の神話はどこでも、八百万の神々がいました。人類共通の自然信仰であり、世界中に「うぶすな」の世界はあります。大自然神が人間の始祖なのです。

地球を宇宙から見ると、国境はありません。クニタマの大神さまの分神、分霊が産土の大神さまです。産土さまの集合体がクニタマになり、その集合体が地球の大神になります。

偉大なる神仏は人間に対して、「産土という心を大切にしてほしい」といわれています。

産土の世界は、そのまま地球につながります。

神仏も人間も大自然も動植物も含めて、「一切の生きとし生けるものが調和されますように」ということです。陰陽調和された地球とは、一切の生きとし生けるものが調和された状態なのです。この心が「うぶすな思想」でもあります。私が本書を書いた真意はここにあります。

人類の平和は自分の〝内なる心〟から始める

二十世紀は〝人類史上最大〟の「環境破壊と戦争の世紀」でした。自然を破壊したら当然、人心は乱れます。また、人類の運命もおかしくなります。地球環境を破壊し、生きとし生けるものを殺した世紀は同時に、二度の世界大戦をはじめ、内戦など人間どうしが殺し合う〝共食いの世紀〟でもありました。

自然を破壊することは、自らの心を破壊することです。「うぶすな」の心を忘れると、人間は戦争をしてしまうのです。大自然の神仏を拝み、大自然とともに生きる心が、実は争いを起こさない心なのです。

「うぶすな」の世界がよみがえってくると、地球環境の保全にもなると同時に、人類の平和にもつながります。世界平和運動だけをやっていても平和にはなりません。世界の平和運動がなかなか結実しないのは、「陰陽調和された地球」「美しい大自然」という発想を抜きにして、人類だけの平和を望んでいるためです。むしろ、大自然との共生思想を進めることが、人心の平安をもたらすのではないかという気がします。

「陰陽調和された地球」を目標にして、「美しい大自然」を取り戻すことが、結局「地球人類の平和」につながるのではないかと思います。

さらにいいますと、「地球の調和・人類の平和は自分の内なる心から」ということです。人間は世界の平和を望んでいますが、それは内なる心の平和と調和を抜きにしてはありえません。自分の心が平和でないのに、外なる人類が平和になるはずがありません。こうした誤解も、人類が平和を望みながら、戦争ばかりしてきた原因になっています。人類の平和は人類の一員である〝自分から〟スタートしましょう。

そして、私たち人類を生かしてくださっている地球の大神さまへの感謝がとても大切です。読者の皆さんも、次のページのようなお祈りをしてくださると、たいへんうれしく思います。これは同時に、神仏がたいへん喜ぶ祈り詞ですから、自分の開運につながります。自神拝の後に祈っていただくと、私は本書を書いた甲斐があります。

〔地球の調和・人類の平和のための祈り〕

私は美しい地球が大好きです！
私は美しい大自然が大好きです！
大好きな地球の大神さま、いつもありがとうございます。私たちを生かしていただきまして、誠にありがとうございます
私たちは生かされている、生かされている、ああ、有り難し、有り難し、有り難し
宇宙の大いなる意志、大調和に基づく天命もちて、とってもありがたい地球の大神さまの一霊四魂の、いやますますのご開運をお祈り申し上げます（2回）
宇宙の大いなる意志、大調和に基づく天命もちて、陰陽調和された地球になりますように
宇宙の大いなる意志、大調和に基づく天命もちて、美しい大自然でありますように
宇宙の大いなる意志、大調和に基づく天命もちて、わが内なる心が平和でありますように
宇宙の大いなる意志、大調和に基づく天命もちて、わが内なる心が陰陽調和されますように
宇宙の大いなる意志、大調和に基づく天命もちて、地球人類が平和になりますように

大自然の摂理に感動・感激する心が運命を開く

私たち人間は大自然に生かされています。太陽がなかったら、人間も動植物もすぐに死んでしまいます。空気がなくても生きられません。生命を育み、さまざまな恩恵を無償で与えてくれる大自然に感謝と畏敬の念をもつのは、人間として当然のことです。

大自然の絶妙な摂理を見て、大自然を愛して、大自然とともに生きるのだという心が、あなたを癒し、運命を開いていきます。

天命といったら何か大きなことととらえがちですが、まずは身近なことからスタートすることです。第一段階は「大自然を愛でる心をもつ」ということです。仕事や生活も、なるべくそういう意識のもとに行動すればいいのです。

神さまはどういう人間を好むかというと、「大自然を愛でる人が一番いい」といいます。その心を人類にもってほしいというのです。

大自然そのものが神仏なのですから、大自然を愛でることと神仏を愛することは同義語です。人間の天命も、大自然を愛でる心を〝核〟として、「好きこそものの上手なれ」で、自分の素質才能を活かして、天命を構築していくことです。大切なことは、その方向で努

力するということなのです。
そういう面では、大自然を愛でる心、大自然に感動する心をもつことが、開運法になります。大自然を愛でる心がなくて、ただ神社に行くのが好きというだけでは、神社マニアに過ぎません。お寺や霊場めぐりを趣味にしている人も同様です。大自然に生かされていることへの感謝、摂理への畏敬、美しさへの感動・感激の気持ちをもちましょう。
その心をもつことが、そのまま神意にかなってくるのです。このような趣旨のもと「まずは自分たちから」ということで、私が主宰しているまほろば研究会では、「顕」の活動として、次のようなことを行っています。
日本全国の産土神社や聖地の復興と保存、有志による奉納ボランティア活動です。原初のエロコ

まほろば研究会では秋葉神社（茨城県）に鳥居を奉納しました

ジー運動によって鎮守の森を残してくれた先人に感謝し、さらにそれを維持・拡大していくための活動です。自然保護を推進するための「まほろば基金」を設立し、その基金により、すでにのべ百社以上の神社に植樹や神具・由来書をご奉納し、また、環境保護団体への協賛も随時行っています。

各神社関係者のご理解をいただき、私が五つの神社の社号額を揮毫《きごう》し、ご奉納させていただきました。

また、〝幽の活動〟として光の五行神業を行い、いままでに大自然や多くの神社・仏閣を清めて、光の大榊・光の大蓮華を多数立てさせていただきました。

皆さんも、大自然を愛でる心をもとうという趣旨を、おりにふれて周囲の人に話して、行動していっていただけると幸いです。神社へのお賽銭にも、のし袋で「鎮守の森保存用」「植樹用」と書いて奉納されると、神社関係者への啓蒙になると思います。

まずは、大自然を愛でる心、大自然とともに生きる心からスタートしましょう。大自然を愛でる心で神仏を拝むようにしましょう。大自然を愛でる人を神仏は特に加護します。本当のエコロジー運動は「天地自然の道理」に順応するところから始まるのです。

大自然の摂理に感動・感激する心が、その人の心を平安にしていきます。一人ひとりの心の平安・平和が、地球人類の平和につながっていきます。人間が安心立命へ到るためには、「天地自然の道理」に順応して生きることであり、「天地自然の道理」に順応する第一歩が大自然を愛でることなのです。

付章

「神棚・仏壇・お墓」の開運祭祀法と清め方

神棚には「神宮大麻（天照皇太神宮）、産土神社、鎮守神社」の御神札を祭る

この章では、私が長年のカウンセリング経験と神道・仏教の研究、特別セッションを通じての神仏との直接的な交流の中で明らかになった「神棚・仏壇・お墓」の開運祭祀法と清め方を説明します。

これらの祭祀法は、一般の皆さんが知っているようで知らないことが多いので、開運という視点に立って、述べていきましょう。実際にはいろいろなバリエーションがありますが、要は〝基本を踏まえる〟ということです。この章で公開する基本になるべく近づけるようにし、複雑な場合は専門家に相談されるとよいでしょう。

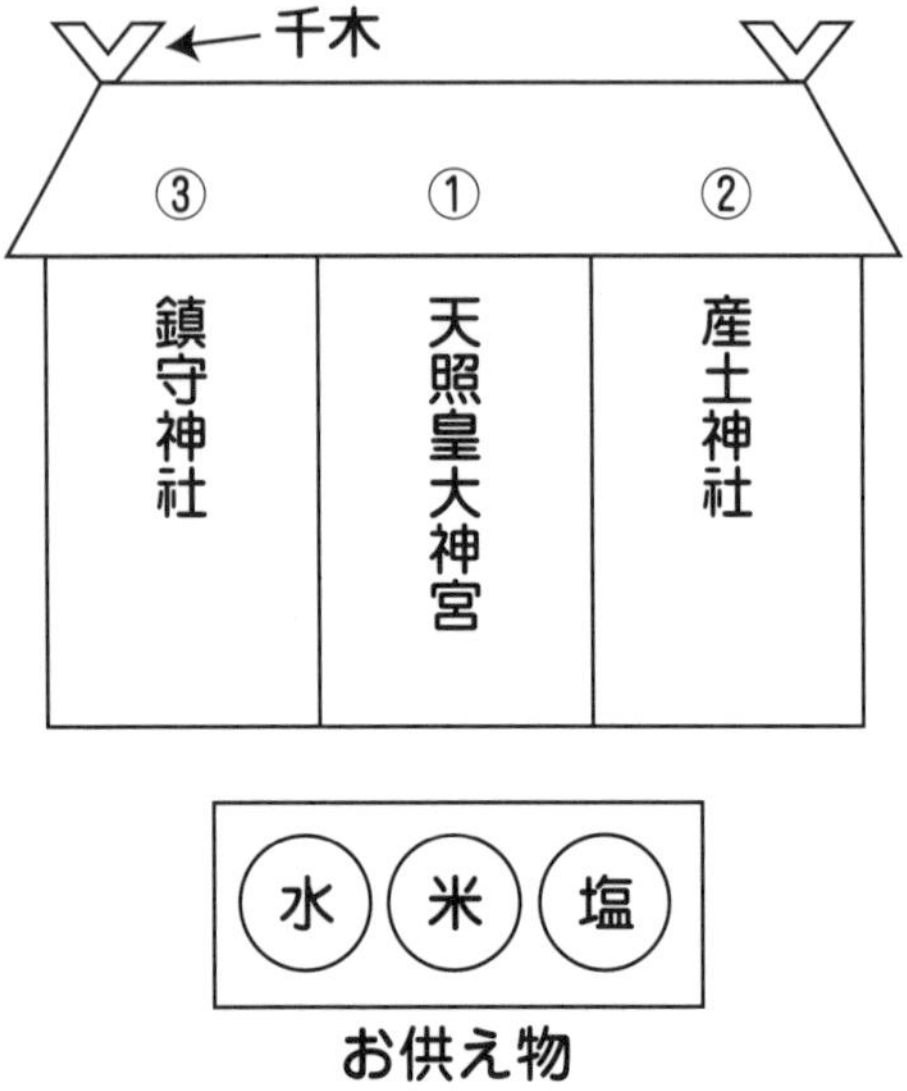

まず、神棚から述べていきます。神棚は一言でいうと、家庭の中のミニチュア神社だと考えればいいでしょう。いわば、〝神社の家庭版〟です。

基本的に、神棚の中央には神宮大麻《たいま》（天照皇大神宮）の御神札を祭ります。そして、向かって右手に産土神社の御神札、左手に鎮守神社の御神札を祭ります。神さまから見ると、左が上位（向かって右）になります。祭祀はすべて左・右の順に上

位になります。基本はこの三つの御神札でいいのです。産土さま、鎮守さまを通して、自分のルーツの神仏を拝んでいくということです。それが最も開運に効果がある神棚の祭り方です。

私たちがもっともお世話になっている神さまを祭るのが、神棚祭祀の基本です。産土神社は前述のように、本人の一霊四魂の縁の中で産土の大神さまが決まります。おおむね近くの神社が産土神社と考えていいのですが、自分で産土神社だと思いこんでいる神社とは違う場合がけっこう多いのです。産土神社がわからない人は、きちんと天命カウンセラーにリサーチを受けてください。せっかく神棚をお祭りするなら、〝おかげ〟をいただきやすい方がよいでしょう。

実際に、自営業（お店）をしている人が産土神社と鎮守神社の御神札をお祭りして、お祈りしたところ、その週からお客が増え、以前の五割増しになったケースもあります。

最近は御神札を置いていない神社もありますから、産土神社に御神札がない場合は、向かって右手に鎮守神社の御神札を祭ります。そして、左手に自分の崇敬する神社の御神札を祭ります。特に崇敬する神社がない場合は、一の宮または総鎮守、総社の御神札を祭りましょう。また、ご縁の深い神社の御神札を祭る場合もあります。

基本的には、世帯主の産土さまをお祭りします。世帯主の産土さまを通して、家族それぞれの産土さまを拝めばいいのです。世帯主が息子で、親が同居している場合は、父親（亡くなっている場合は母親）の産土神社・鎮守神社を主に祭ります。

どうしてもという時には、御神札は四枚祭ってもいいです。でも、四枚までで我慢しましょう。御神札が大事なのではなくて、自分のルーツの神仏に心を通じさせることが大切なのです。御神礼はそのためのアンテナであり、中継場所なのだという認識です。

神棚だけ祭っても、お祈りをしていないと意味がありません。守護していただくために祭っているのです。そういう意味では、神棚はコミュニケーションをとるための場所なのです。それを通じて、いかにお祈りを通じさせるかが大事です。御神札を持った時に、手のひらがホワーッと温かくなるような御神札には力があります。神霊がきちんと宿っているからです。

年末に、御神札を鎮守神社に納めて、新しい御神札をいただく時に、神棚から出して持った時に、ホワッと温かいというのが大事です。冷たい感じがする時にはお祈りが足りないということです。

神棚はシンプルにして、たくさん祭らない

神棚は三つの扉のある三社造りのものがいいです。一社の神棚でお札を重ねてお祭りする神棚もありますが、できたら三扉の方がいいでしょう。神さまから守っていただくわけですから、神さまが居心地がいい方がいいでしょう。一列縦隊よりも、それぞれの神さまのお顔が見える方がいいに決まっています。しっかり守護していただきたいなら、三社造りの神棚がいいと考えてください。

また、タンスの上などに御神札だけ立てかけて祭っている人もいます。神棚とか仏壇でもそうですが、相手の立場に立って考えることです。あなたが神さまだったら、屋敷(神棚)なしに御神札だけでも、根性を出して守ってあげようと思うでしょうか。要は、守っていただくために、神棚を祭るのですから、お屋敷(神棚)をきちんとすることです。そこまでするのは面倒くさいというのであれば、神棚は祭らないことです。祭らないで、神社にお参りすればよいでしょう。大切なのは心をルーツの神仏に向けるこ

とであり、感謝の発露として神棚を祭るということです。

よく、たくさんの御神札を祭っている人がいますが、いっぱいお札があると逆に、神棚の神気が乱れてしまいます。人口密度ならぬ〝神口〟密度が高くなり、ギューギュー詰めになります。御神札はモノではありません。自分が神さまの立場に立てばわかりますが、やはり、神々もゆったりとした環境で守護したいのです。また、お札がいっぱいあると、お祈りがおろそかになります。「うぶすな」を中心にしたお祈りが大切なのです。自分の守護の神仏にきちんと意識を合わせるためにも、神棚はシンプルにしておきましょう。

神棚を鴨居の上の方に祭る場合がありますが、あまり高いところに祭ると、お米、お塩、お水をお供えするのがたいへんです。

「年を取って足腰が弱くなったので、台に乗ってお供えをあげるのが怖くて、億劫になります」といっていたおばあちゃんがいましたが、怖くて億劫がられたのでは、祭られている神さまの方も困ってしまいます。

目線よりも上の高さであればよいのです。賃貸のためにクギを打ちつけられないという時は、本棚やラックを使うなどして工夫しましょう。ただし、あまりグラグラ動かないよう、安定感のあるものにしてください。

神・仏・先祖、そして子孫（自分たち）の順番になる

基本的には、神棚は東向きか南向きにお祭りします。これは、太陽の当たる方向です。神さまは明る

い所が好きなのです。だから、暗くジメジメした場所は避けましょう。

家相的には北西の場所が大吉とされますが、今の住宅事情ではむずかしい面もあります。みんなが拝みやすい、明るい場所と考えればいいでしょう。

神棚・仏壇は基本的には最上階に祭ります。神が上《かみ》なのです。一戸建ての場合は当然、二階に祭るのがベストです。

集合住宅の場合、最上階であれば問題ありませんが、上階に他人が住んでいるケースも多いでしょう。この時には、半紙に筆で「雲」または「天」と書いて、神棚の真上の天井に張ります。雲と書くのは「ここから空ですよ」ということを表します。

「本来は、神さまは最上階に祭るべきものなのですが、住宅事情によって、このようにさせていただきます」

と神さまにお話しして、ご了解をとりましょう。

最近の住宅は、二階を子ども部屋や寝室にして、神棚仏壇を祭る和室は一階にある家が多いようです。「二階は子ども部屋なので」という人もいますが、「神さまが上なんだよ」ときちんと教えてあげるのが教育というものです。

どうしても二階に祭るのがむずかしい場合は、神棚の上にあたる部分は人が踏まないように工夫をしてください。たとえば、二階のその部分にはタンスや本棚を置くなどします。

仏壇の場合は、たとえばお年寄りがいて、二階に昇るのがしんどいなど、やむをえない場合は一階に祀ってもいいでしょう。その時には、仏壇の場合も神棚と同様に、一階に祀ったら、その真上の階にはタンスなどを置くということです。とにかく足で踏まない形になるように注意します。

やはり、神・仏・先祖、そして子孫の私たちという順序なのです。子どもが二階で、先祖が子どもから頭を足で踏まれているという状態では、親不孝にもなります。順序をきちんとすると、家庭の秩序が整ってきます。「一事が万事」で、こういう意識が崩れているので、最近の家庭崩壊や心の荒廃になっているのです。

私の天命カウンセリングもそうですが、子どもに問題のある家庭の多くは神棚や仏壇がなかったり、両親が神仏や先祖に手を合わせていないのです。神仏やご先祖さまのお蔭で、自分たちが生きているという〝当たり前〟のことを教えてあげることが大事です。そのへんがおろそかになっているのでは、青少年の非行が多くなるのも当然でしょう。

神棚のそれぞれの形の意味と祭り

さて、神棚の御扉は通常は閉めておきます。御神札を外に出している人がいますが、神さまが裸のままでおられたら、神さまもイヤでしょう。衛生状態を考えても、開けっ放しにしていたらホコリが入ったりします。

お祭りの時に御扉をお開けして、祝詞をあげたりします。神社でも普段は、ご本殿の扉はお閉めしています。そして、大きなお祭りの時に御扉を開帳して、祝詞をあげます。家庭での神棚の祭りも神社に準じましょう。

神棚の屋根の上の方にあるのが千木《ちぎ》です。屋根の横にあるのが鰹木《かつおぎ》です。木で重しをのせている形で、昔の縄文や弥生時代の住居の形になっているわけです。古いものを伝承し、伝統を受け継いでいるのが神社の様式なのです。

お供えものは、基本は「お米、塩、水」の三点セットです。お水、お米、塩はまた同時に、お祓いの道具にもなります。人間が、大自然の恵みに感謝するのが、お供えの基本です。産土さまをはじめ、大自然の神さまから頂いたものを、神さまにお供えするわけです。

頂き物があったら、神棚にお供えして、後でお下がりをいただきます。お供えしたミケをお下がりとして、ミタマノフユ（御神徳）とともに頂きます。実際に御神徳が入りますので、食べるといいのです。神棚の両脇には通常、榊《さかき》を置きます。榊は「木偏に神」と書くように、神の木なのです。いわば、神社のご神木のミニチュア版です。できれば、真榊《まさかき》を置くと見栄えがいいです。ご神木（＝榊）に、鏡と勾玉、神剣が飾られて、三種の神器になっています。真榊の五色の幕は五行をあらわしています。

パワーグッズが多いと、神仏が守護しにくい

神棚に水晶などのパワーグッズを置く人がたまにいますが、やめましょう。神棚はお札を祭るところです。また、縁起物を神棚に飾るのも好ましくありません。シンプル・イズ・ベストです。実際、パワーグッズが多いと、神仏が守護しづらいのです。神仏はエネルギー体ですから、家の中に水晶とかグッズ類がいろいろあると、エネルギーが錯綜するのでかえって護りづらいわけです。身におぼえのある人は、整理した方がよいでしょう。（整理のしかたがわからない方は、天命カウンセラーにご相談ください）

その時は、いままでのことをよく感謝申し上げ、ご無礼をお詫びをした後、グッズ類を日拝の要領で

清めて、太陽の大神さまの御神威、ご神徳をしっかりいただきます。

持っているだけで金が入るというたい文句の開運グッズも、いかがなものかと思います。何もしないで開運できるというものほど、逆にアブナイと認識してください。ズルしようとすると、結局は損をします。天地自然の理とは、そういうものです。

そういうグッズで、もしお金が儲かったりしても、それは一種の呪術の世界で、〝給料の前借り〟みたいなものです。だから、自分の〝給料日〟になっても、〝給料〟がもらえなくなります。

宝クジも似たようなものです。趣味で宝クジを買うのはかまわないでしょうが、「宝クジが当たりますように」と、神さまに祈らないでください。高級神仏はギャンブルには手を貸しませんから。一攫千金ではなく、コツコツやることです。

神仏には「自分の意志をきちんと伝える」ことが大切

神さまはお気持ちをしめ縄のシデ（紙垂）で表現することがあります。お祈りした時に、シデがパタパタ揺れることがあります。本当は神仏の波動がわかればいいのですが、普通の人はわからないので、目に見える形としてシデで知らせる場合があるのです。以前、奈良に行った時に、行く時には四枚のシデのうち、鳥居の右側の二枚だけがパタパタ揺れて、帰る時には左側の二枚のシデだけパタパタ揺れていた神社がありました。

私もお祈りしている時に、完全に閉め切っているのに、シデが揺れることがあります。そういう経験があったという人もいるでしょう。一度だけというのは、ちゃんと神さまはいるんだよ、ということを見せてあげているわけです。ですから、いつもパタパタすることを期待してはいけません(笑)。最初だけの時が多くて、そう何度もそういうことは起きません。

また、天鼓《てんこ》といって、音がポーンと鳴ったりします。雷のような音が響くこともあります。神仏と交流するには、人間の言葉できちんと「自分の意志を伝える」ことが大事です。人間がいうべきことはきちんと説明することです。

神仏それぞれに個性があり、得意分野もあります。個性や感情があるからこそ、人間を守護してあげようという感情も生まれてくるのです。徳の高い長者さんのようなイメージで、お付き合いするといいでしょう。

神仏は心は見通せるけれど、人間の気持ちを尊重しているのです。だから、人間の意向を無視して、無理やり何かをすることはありません。また、「棚からボタもち」もありません。その人の成長を考えながらやります。

そういう面では、いろいろな目標を神さまにいう場合も、「なんとか、いい人と結婚できますように」とか、「金儲けできますように」ではなくて、

「こういう人と結婚したい。そのために、こういうことをします。後押しください」

また、「商売繁盛させてください」と祈るのではなくて、「自分はこういう仕事をこのようにやって、こういう形でやっていくようにしますから、後押しよろしくお願い申し上げます」

と、できるだけ具体的に伝えた方が神仏も守護しやすいのです。

人間もそうです。誰かに、「よろしくお願いします」といわれても、頼まれた人は「どう、よろしくし

ていいのか」と聞きたくなるでしょう。それと同じで、神仏に頼む時も、人間に頼む時のように、具体的に意志を伝えることが大事です。

お願いする前に、神のご開運をよくお祈りして、神さまをはげまし、喜ばせます。喜び、元気を出させる祈りですから、ニッコリと笑顔で、明るく元気よく、お祈りすることがコツです。神仏は人間がいっている内容ではなくて、いっている波動を見るのです。

先祖がおられるから、現在の自分がここに生きている

仏壇やお墓の祭祀もそうですが、「先祖がおられるから、現在の自分がここに生きている」という感謝の気持ちが大前提になります。当たり前ですが、先祖の中の誰かが欠けても、私たちは生まれてきてはいません。

ご先祖さまの中には、悪いことをした方もいます。極悪非道のご先祖さまがいても、その先祖のお陰で、自分たちが今、生きているわけです。どういうご先祖さまでも、まずは感謝する気持ちをもつことです。

人間に生まれてきたのはラッキーなことなのだと理解してください。人間に生まれてこられたのは、ご先祖さまがいたからであり、その感謝の思いが、仏壇やお墓の祭祀になるわけです。

たまに宗教団体で、「先祖の祟りがあるから仏壇やお墓を祀る」というところがありますが、それでは本末転倒です。不幸現象があると、「りっぱな仏壇を祀っていないからそうなる」という人がいますが、そんなものは信者獲得のための常套手段ですから、そういう脅しにのらないようにしてください。

基本は、あくまでも先祖に対する感謝の気持ちです。ご先祖さまの場合、子孫から感謝されると喜ばれ、元気づけられます。また、ご先祖さまが子孫に対して願うことは、子孫が天命をイキイキと生きることです。また、自分もいずれ〝先祖〟になるという認識の中で、祭祀を考えることです。

人間は数千年前から数万年前に、直霊の大神さまから直霊を分けられて人間になりました。そして、生まれ変わり、死に変わりしながら現在に至っています。前世と先祖は深いつながりがあり、前世のラセンとご先祖さまのラセンが、人間の染色体ＤＮＡのように二重ラセン構造になっています。ちょうど、しめ縄のような感じです。○○家に生まれたというのは、そこに前世との縁が深いわけです。前世と先祖は不即不離の関係になります。

先祖の供養だけをしても片手落ちですし、前世療法だけでもダメなのです。前世、先祖というのは二重ラセン構造で、切っても切れない縁の中に私たちはあります。

「先祖が悪いことをやったから、今の自分たちがたいへんなのだ」と思う人もいるでしょう。しかし、「そういう先祖をもった子孫に生まれた原因は、自分の前世にある」ということを認識してください。

最近の傾向としては、子どもに対する関心が強くなる一方で、親や先祖に対する関心が低くなっているようです。先祖に感謝しない人は、子孫からしっぺ返しがきます。現代はご先祖さまに感謝しない人が多いから、子どもたちが親に感謝しないのです。子どもにとって、親は一番近い先祖になります。親孝行と先祖孝行、神仏孝行というのは同一線上なのです。

仏壇やお墓の祭祀は、先祖代々の伝統的仏教の宗旨に従う

仏壇やお墓の祭祀は、先祖代々の伝統的仏教の宗旨に従って行います。個人の思想、信条は自由ですが、仏壇やお墓の祭祀は先祖のためのものですから、先祖がやっていた宗旨を尊重することが大事なのです。

先祖代々、仏教だったけれど、自分の代はキリスト教に改宗したので、キリスト教の方法で祭祀していいかといえば、そんなことはありません。今まで「ナムアミダブツ」と拝んでいたのに、急に「アーメン」といわれても、先祖は困ります。

新興宗教の中で、教団独自のやり方で祀っているところもよいとはいえません。個人の信条と先祖の祀りは別個に考えることです。「自分は無宗教だから」と、祭祀をやらない人もいます。思想・信条は自由ですが、先祖のことは子孫の義務としてきちんとやらないといけません。自分もいずれは先祖になるのです。

私は無宗教の人にいいたいのです。

「あなたはどうやって生まれてきたのですか。へその緒があるでしょう？」

空中からパッと生まれてきたとか、自分だけの力で生まれてこられた人であれば、先祖を拝まなくてもいいでしょう。しかし、みんなお母さんのお腹の中から生まれてきているわけです。ですから代々伝わってきた、人間の原点を尊重することです。

宗旨変えは家族不和のもとになる

私のカウンセリング経験からいっても、自分の思想信条で勝手に宗旨を変えたりすることで、現実問題として、精神的病気、家庭内の不和などの現象が出ているケースが多いのです。そういう面からも宗旨変えはよろしくありません。

家庭内がゴタゴタしている場合は、宗旨変えをしていないかどうかを調べてみましょう。宗旨変えをしていたら、本来の宗旨に戻す必要があります。

「なんとかしてくれ、頼むよ」と、ご先祖さまが訴えているのです。最初は懇々と諭します。しかし、全然聞いてくれないとなると、わからせるために訴え方がだんだんきつくなってきます。それは祟りではなくて、「わかってほしい」というメッセージ（シグナル）なのです。生きている人間の「気づき、反省、学び」が大切になります。

仏壇は基本的には、中央に先祖代々の位牌を祀って、ご本尊はいっしょに祀らない方がいいのです。どうしてかというと、ご本尊さまがいっしょにいると、ご先祖さまが緊張してしまうからです。ご本尊は御厨子《おずし》にお入れするのが正式になります。それが後世、ご本尊と先祖がいっしょの仏壇に入るようになったのです。

仏壇の発祥は、神道の御霊舎《みたまや》です。その御霊舎を仏教が採り入れて仏壇になっていきました。

仏壇は基本的には、長男が祀ります。その点に関して、神さまは次のようにいわれています。

「他の兄弟姉妹は、先祖代々は祀る必要はありません。長男が祀ればよいのです。ただし、長男が無信仰で祀らない場合とか、おかしな祀り方をしている場合に、心ある他の兄弟姉妹が祀るのはよろしい」

したがって、このようなケースの場合は、「長男が全然、先祖のことに関心がないので、私が代わりに祀ります」と申し上げてから、祀るとよいでしょう。

女性の場合、結婚して姓が変わった場合は、婚家の仏壇を拝むことです。お墓も婚家の墓に入ります。今は、夫婦別姓の流れになってきていますが、「そうではない」と神さまははっきりといわれています。高級神仏はだいたい伝統的なものを重んじます。オーソドックスなのです。

先祖の回忌には、先祖の一霊四魂のご開運を祈る

仏壇に関係するもので、○回忌がありますので、それについて、ここで説明しておきましょう。人間が死んだら、まず四十九日があります。亡くなると四十九日間はこの世にとどまって、いろいろな人にあいさつに行ったり、やり残したことをやります。神道では五十日祭があります。

五十日目から、中有界《ちゅううゆう》（幽界）という段階に移行します。五十日から百日目までの中有界は、霊界に慣れるためのウォーミングアップ、モラトリアム（猶予）の時期です。このように、死後の世界は行き届いているのです。

そして、百日たったら、それぞれの霊界の場所に行きます。以前、特別セッションの時のこと、受講者の親族の中に最近、亡くなった人がいました。亡くなってから四十九日が過ぎていたので、私が神さまに「その人を天に上げたいのですけど」と申し上げたところ、

「百日目まで待ってほしい。百日たったら天に上げてもよろしい」

と神さまからいわれました。私は「なるほどね」と思い、百カ日が過ぎてから、天に上げてさしあげ

ました。

ルーツの神仏はあの世を司る神仏たちです。あの世も司るから、この世も司ります。これを幽顕《ゆうけん》調和といいます。霊魂を傷つけないで、産土の大神の元に帰るのが、人間の道なのです。一霊四魂を傷つけないで生き、死んでから、産土さまに「がんばってきましたよ」と報告できる人間になりましょう。

産土さまから、死んでから、「よしよし、よくがんばった」と頭をなでてもらえるような人間になることです。そういう人間だったら、また生まれ変わる時も、いいところに生まれ変わることができます。

死んでからもまた、「うぶすな」のお世話になって、この世に生まれ変わってきます。未来永劫に至るまで、「子孫《うみのこ》の八十続きに至るまで、かきはにときはに」「うぶすな」との縁は続くのです。

これらの神仏が担当ですから、他の宗教の神さまは手が出せません。キリスト教の神さまでも、その領域を侵せないのです。でも、本人がキリスト教に凝り固まっていたら、しょうがないから、ルーツの神仏がキリスト教の神さまの格好をしてやってあげることもあるらしいのです。神仏もなかなかたいへんです。ですから本当は、最初からルーツの神仏に心を向けておく方がラクチンなのです。

死んでからも次の生活がありますから、皆さんも年をとってきたら、そろそろあの世に行くための心の準備をした方がいいでしょう。変にこの世に執着すると、神仏が助けづらいのです。

また、残された家族が亡くなった人のことに執着し過ぎると、亡くなった人の足を引っ張ることになります。死んだ人がスムーズに浄土に行けるようにと、お祈りした方がいいのです。故人の一霊四魂のいやますますのご開運をお祈りしてください。

そして、三回忌や三十三回忌などの、いわゆる回忌には、ご先祖さまの一霊四魂のご開運をお祈りすると良いでしょう。そうすると、ご先祖さま方がたいへん喜ばれます。

また、特別セッションをやっていて、なるほどと思ったのは、ご先祖さまが信仰していた仏さまは、その子孫とは直接の縁がなくても、守護してくださることです。「あなたの先祖が私（仏尊）を拝んでくれたから、子孫であるあなたの守護仏になってあげましょう」というケースです。仏さまとはありがたいものです。

先祖がいたから、人間として生まれる機会ができたのです。現世は実は一霊四魂の成長と進化に最適な環境であり、カルマの昇華も現世が一番しやすいのです。

私も今、こういう仕事ができるのは、先祖の中に徳のある人がいたからです。そういう「おかげ様」に心から感謝しましょう。

皆さんのご先祖さまの中にも、立派な先祖もいれば神さまになっている先祖もいます。仏さまの近くで働いている先祖もいるということです。そういう立派な先祖が、子孫である私たちを陰から守ってくださって、浄土から仏さまといっしょに光を送ってくれているらしいのです。

いずれにしろ、仏壇はご先祖さまと交流する場所ですから、神棚と同じで、仏壇の中にもあんまりゴチャゴチャとグッズ類を入れないで、シンプルにしましょう。

位牌の順番も神棚と同じで、中央に○○家先祖代々之霊位、次に左（向かって右側）、次に右（向かって左側）に位牌を祀ります。基本的に、亡くなった方は三十三回忌の時に、個人の位牌から先祖の位牌に移ります。

生きている人間の家は「陽宅」、お墓は「陰宅」になる

さて、お墓の話をしましょう。生きている人間の家を「陽宅」としますと、お墓は「陰宅」になります。神道では、お墓のことを「奥津城《おくつき》」といいます。まさに奥の城です。「陽宅」と「陰宅」も陰陽調和が大切です。「陰宅」をきちんとすることで、「陽宅」が栄えるというのが原理です。

先祖にとっては、仏壇よりもお墓の方が大事です。実際、仏壇よりも、お墓の方が子孫に影響が強く出るのです。お墓が欠けていたり、倒れていたりすると、体の方に影響が出ることもありますから、お墓の整備やお掃除はきちんとすることです。

お墓には先祖の魄《はく》がいらっしゃいます。魄の中に、通常のいわゆる〝霊魂〟も入っています。前述のように、本来の霊とは一霊四魂の直霊のことです。魂というのは四魂の和魂、奇魂、荒魂、幸魂です。そういう面では、先祖にとっての魄、思念が一番残っているのがお墓なのです。

神仏との対話によりますと、お墓の形式に関しては次のようなお答えでした。

「お墓も伝統的な形態が良いのでしょうね」（私）

「基本的には伝統的なお墓がまあ、よろしい。今のお墓が完全ではないのだけれど、突拍子もない変則的なお墓よりはマシである」

「やはり、そういうことですね」（私）

仏壇と同じで、伝統的な形式を尊重したお墓にした方がいいのです。

今、海への散骨とか合同墓など、埋葬の多様化が見られます。しかし、いずれもよろしくないのです。宇宙葬の話まで出る昨今ですが、日本民族の〝集合的魄〟とかけ離れた行いをすると、死んでから本人

がきついのです。日本人としての祭祀は、日本民族の集合的魄に準じて行うことが肝要なのです。魄とは残留思念でもありますから、日本民族がずっと長年やってきたものでいいのです。

皆さんは、今回は日本民族として生まれてきたわけですから、神棚・仏壇・お墓も含めて、日本民族が数千年やってきた伝統を尊重することが祭祀の基本です。祭祀に関しては流行に乗らないで、昔ながらの方法でやることです。

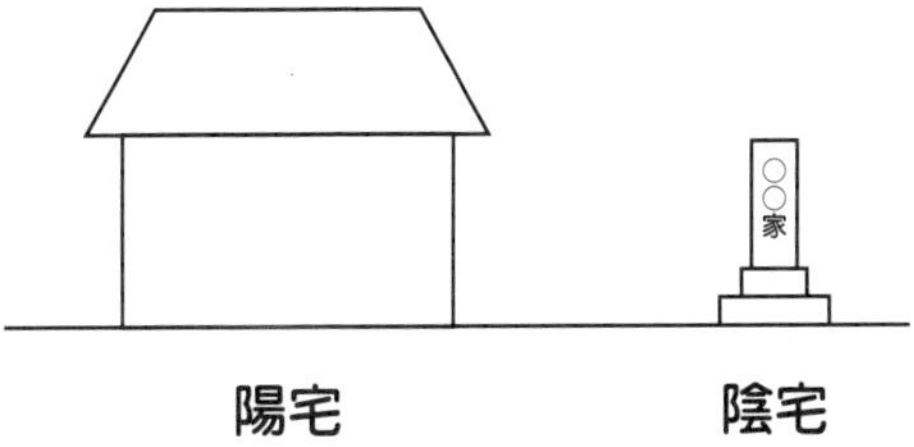

陰宅を整えることで陽宅も栄える

民族によって、お墓の形態が違います。ですから、それぞれの民族においての伝統的な埋葬法やお墓の形態にした方がいいのです。

できれば、お墓の下はコンクリートで固めないで、土の方がいいでしょう。人間は土から生まれ、大地で生き、大地に帰ります。肉体は土に戻るのがいいのです。骨壺も土に戻るようなものが、本来は望ましいでしょう。ただし、「そうしなければならない」のではなくて、「できるのだったら、そうした方が望ましい」ということです。

望ましいのは、全員が「○○家累代之墓（○○家之墓）」に入ることです。

先祖累代之墓が田舎にありながら、子どもの代に都会に出てきて、都会の近くに個人の墓や夫婦だけのお墓を求める人が多いようですが、よろしくありません。先祖代々のお墓に入るのがベストです。産土の世界と同じです。ご先祖さまから肉体を頂いているわけですから、先祖代々の方に入ることです。

今、日本人の家に関する意識が変化してきて、夫婦別姓の問題も論議されています。「自分の主人のお墓にいっしょに入りたくない。実家の墓に入りたい」という女性の声もよく聞かれます。これでは霊的秩序が乱れます。結婚したら、そこの先祖累代之墓に入るのがスジです。要は、民族の集合的魄に反するようなことはよろしくないということです。

大局的見地からいうと、先祖累代之墓にみんなが入れば、お墓もそんなに増えないし、新たに墓石を購入しなくてすみます。そういう面では安上がりになります。

「でも、田舎で面倒をみてくれるかどうかわからないので」という場合は、どうやって面倒をみてもらったらいいかを考えましょう。どうしてもむずかしい場合は、そのことをご先祖さまに話をして、許しをいただきます。田舎の親戚とか知り合いに、年間いくらかでお掃除を頼むという手もあるでしょう。もちろん、自分たちもなるべくお参りやお掃除にうかがうのが前提になります。

神道は「祓いに始まり、祓いに終わる」といわれています。私は家相の清めなどの質問を受けることがありますが、最大の清めは〝掃除〟です。まずは、「陽宅」と「陰宅」をしっかり掃除をすることから始めましょう。

仏壇やお墓では先祖への感謝と、先祖の一霊四魂のご開運を祈ろう

仏壇やお墓でのお祈りは、肉親の情をもって祈りましょう。先祖が子孫に望むことは、天命をイキイキと生きること、そして先祖に感謝することです。先祖は子孫から感謝されることで、自分自身のカルマの昇華に向けてヤル気が出るのです。

先祖もカルマの昇華は自分でやらないといけません。それを、子孫である私たちが感謝の気持ちをもつことで後押しできるのです。先祖がカルマを昇華することが、生きている私たちにとってもいいわけです。

仏壇での日頃の祈りの時やお墓にお参りした時は、親愛の情をもって先祖に語りかけます。

「わがご先祖さま、いつもありがとうございます。ご先祖さま、大好きです！宇宙の大いなる意志、大調和に基づく天命もちて、とってもありがたい我《われ》に縁《えにし》あるすべてのご先祖さまの一霊四魂の、いやますますのご開運をお祈り申し上げます（何回でも）」

ご先祖さまが高い霊界にたくさん昇れるように、一霊四魂のご開運をよくお祈りしてあげることです。仏壇やお墓の祭祀をきちんと行い、ご先祖さまの一霊四魂のご開運を祈ることで、自分を守護している先祖霊団が増え、守護霊さまもパワーアップします。それが人生の〝大いなるサポーター〟になっていきます。

墓参りの時に大事なのは、自分のご先祖さまのお墓以外では祈らないことです。自分の先祖にだけ祈って、ほかの諸霊には祈らないようにしましょう。いろいろな霊的影響を受けないためにも、それが無難です。

自分でできるお墓の清め方

自分でできるお墓の清め方を紹介しましょう。お墓の状態を判断する一つの目安としては、墓石の上に手をかざしてみて、温かい感じがしたら、お墓として機能しています。ひんやり冷たいのはお祈りが足りません。先祖の一霊四魂のご開運をよくお祈りして、温かくすることです。

お墓に参る前に産土神社と菩提寺にごあいさつをして、お墓に行くことをお伝えします。
菩提寺とは先祖代々の宗旨のお寺で、お墓の祀りをしてくださっているお寺のことです。菩提寺の仏尊には次のような趣旨のごあいさつをします。

「〇〇〇（ご本尊のお名前）さまをはじめ、わが先祖を守り、お導きくださっている仏尊や仏尊の神々さま、いつもわが先祖を守りお導きいただき、誠にありがとうございます
宇宙の大いなる意志、大調和に基づく天命もちて、わが先祖を守りお導きくださっているとってもありがたい仏尊、仏尊の神々さまの一霊四魂の、いやますますのご開運をお祈り申し上げます
宇宙の大いなる意志、大調和に基づく天命もちて、わが先祖に縁あるすべての仏尊、仏尊の神々さまの一霊四魂の、いやますますのご活躍をお祈り申し上げます
これより、わが先祖のお墓を掃除し、清めさせていただきます。ご守護、お導きのほどよろしくお願い申し上げます」

さて、お墓の清めに有効なのが塩です。自然塩をフライパンでよく煎《い》って、しゃもじでかき回します。サラサラの状態になった塩を使います。火を通すことで、「火水（カミ）」になります。
お墓には、塩・タワシ・水、お線香、お花などをもっていきます。お墓に着いたら、ご先祖さまにごあいさつをします。

「わがご先祖さま、いつもありがとうございます。深く感謝いたします
宇宙の大いなる意志、大調和に基づく天命もちて、とってもありがたいわがご先祖さまの一霊四魂のいやますますのご開運をお祈り申し上げます

ただいまより、お掃除をさせていただきます。もし、何かご無礼があったらお許しください」

掃除はお墓に水をかけ、きれいなタワシで右回り（時計回り）にまわしながら、苔や泥、垢をおとします。お墓のまわりもきれいに掃除しましょう。すべてきれいにお掃除をした後、お塩で清めます。

「宇宙の大いなる意志、大調和に基づく天命もちて、とってもありがたい祓戸《はらへど》の大神さまの一霊四魂の、いやますますのご開運をお祈り申し上げます」

と祓い清めをしてくださる祓戸の大神のご開運をお祈りした後、

「とってもありがたい祓戸の大神、祓いたまえ清めたまえ」と何回か唱えながら、塩を墓石などに軽く降りかけます。墓の区画内の四隅や周辺は、しっかりと塩で清めます。お墓の後ろに卒塔婆がある場合は、卒塔婆の土にも塩を掛けて清めるとよいでしょう。（塩が目立つ場合は後で、箒と塵取りで掃き取ります）

再び、水できれいに墓石の塩を落とし、墓全体をきれいにします。その後、ご先祖さまへお祈りします。

「わがご先祖さま、いつもありがとうございます。深く感謝いたします

宇宙の大いなる意志、大調和に基づく天命もちて、とってもありがたいわがご先祖さまの一霊四魂のいやますますのご開運をお祈り申し上げます（何回でも）

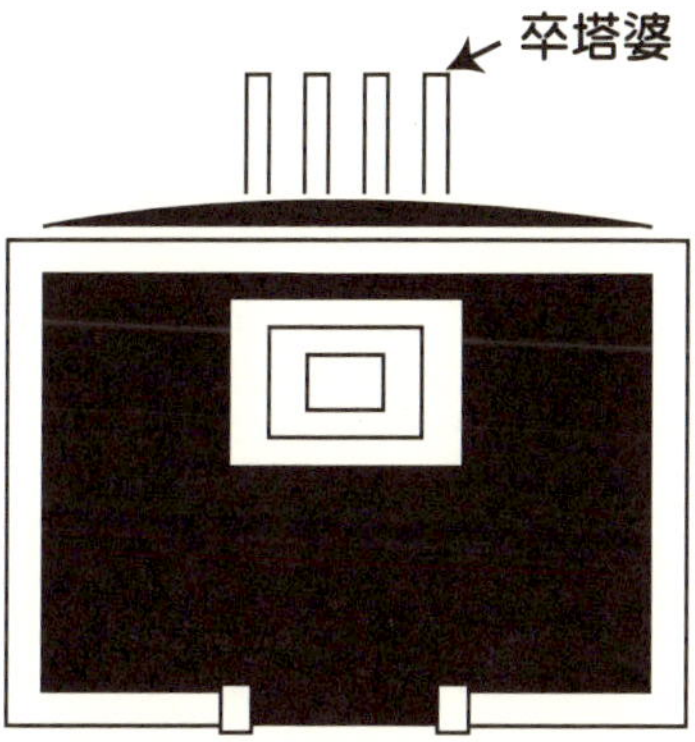

私たちはこれから、自分の天命に向けて明るく、元気良く歩んでいきます。今後とも、よろしくお願いいたします。今日はありがとうございました」

まずは、自分の先祖のお墓をきちんとするようにしましょう。いろいろな縁のある霊まで供養している人は、さまざまな霊の影響を受けて調子が悪くなるケースがあります。諸霊のことまで供養できる力のある人だったらやってもいいのですが、普通の人はやめておく方が無難です。

自分の先祖の供養もきちんとできないのに、ほかの諸霊までやるのは、自分がやっと泳げるようになったレベルで、溺れている人を助けるようなもので、いっしょに溺れてしまいます。ヘタに情をかけないことです。神仏や先祖のことが好きで、いろいろなことにちょっかいを出す人がいます。生兵法《なまびょうほう》は大ケガのもとです。

「あの人は神仏に熱心なのに、どうしてあんなことになっちゃったんだろう」

というケースは、いらぬちょっかいを出した結果であることが多いのです。

いろいろな神仏詣でも、まず自分のルーツの神仏をきちんと拝むことができてからの話です。

「神棚・仏壇・お墓」なんでもQ＆A

Q．家族全員の産土さまや鎮守さまがそれぞれ違う場合は、どの御神札をお祭りしたらいいのでしょうか。

A．世帯主の産土神社と鎮守神社の御神札を祭ります。また、産土神社と鎮守神社が同じ場合は、一つ祭ればいいのです。神棚が三社の場合は右側に世帯主の産土さま(この場合は鎮守さまも同じ)、そして左側には一の宮とか総社、もしくは家族の産土さまを祭ってもいいでしょう。

余分な御神札が出てしまった場合は、いただいた神社か、大きな神社（一番わかりやすいのは一の宮）におたき上げをお願いします。一の宮の神さまがだいたい、御神札の面倒は見てくださいます。年末に、古い御神札を神社にお返しする際、余分な御神札もお返しするとよいでしょう。

必ず今までの守護を深く感謝申し上げて、「今後は、産土の大神さま、鎮守の大神さまをお祈りさせていただきます」とごあいさつをして、古い御神札納め所に納めてください。ただし、御神札ではなく、ミタマが入ったご神体やお稲荷さまの場合は個別に対応するしかありません。

神棚に御神札やご神体などがいっぱい祭られていて、複雑で自分ではどう祭ったり整理したらよいか判断できない場合は、私か天命カウンセラーに相談してください。個別に神道フーチで調べてアドバイスいたします。

Q．鎮守さまが神明社なので、中央の伊勢神宮の御神札と同じ神さまになるわけですが、それはどうなのでしょうか。

A．鎮守神社が神明社でも鎮守神社として、きちんとお祭りします。なぜなら、神明社の主祭神は天照大御神さまですが、神明社のご祭神は他にもいっぱいいらっしゃるからです。その神明社を拠点とする、いろいろな神さまがいらっしゃって、その依《よ》り代《しろ》が御神札なのです。

たとえば、神奈川県横浜市の伊勢山皇太神宮だったら、そこの御神札が地域のいろいろな神さまの依り代になります。基本は、産土神社もしくは鎮守神社で天照大御神さまの神宮大麻をいただけばいいのです。

Q．私の会社では、神棚に仏さまを祀っているのですが。

A．当然、神棚に仏尊を入れたらダメです。神棚は神さまをお祭りするところだから、神棚なのです。会社の場合は、職場の鎮守さまを祭ります。自分でゴチャゴチャにしておいて、仕事がうまくいかないと、「神仏を拝んでいるのに、なんでうまくいかないんだ」と文句をいう人がいます。人間がちゃんとやるべきことをやった上で、守護をお願いしましょう。

Q．神棚と仏壇を祀る位置について、教えてください。

A．神棚や仏壇は家相学的には、乾《いぬい》（北西）の場所が大吉とされます。実際には住宅事情もあって必ずしも家相学的にはいかない場合がありますが、神棚は東向きか南向きにして、家の〝上座〟の明るい部屋に祀るのがよいと考えてください。

まず、神棚の位置を優先して、次に仏壇の位置を決めます。「神—仏—先祖」の順なのです。仏壇は神棚のすぐ下に置かないで、神棚から離れたところに祀りましょう。神棚のすぐ近くだと、仏壇のご先祖さまも肩身が狭いので、少し離しておくわけです。また、神棚と仏壇は、真正面に向き合わない形にします。真正面だと、いつも神さまに見られているようで、ご先祖さまが緊張されるようです。

神棚の位置が決まったら、仏壇の位置もおのずと決まってくるでしょう。より正確に調べる場合は神道フーチを用いてベスト（最良）、ベター（より良い）で調べるしかありません。

神棚や仏壇の部屋と寝室を兼ねる場合は、神棚や仏壇には足を向けて寝ないのが当然のマナーです。

Q．仏壇の中に、故人の写真を飾るのはどうですか。

A．基本的に、写真は飾らないようにしてください。仏壇はお位牌を祀るところであって、写真を祀るところではないからです。位牌は黒塗りに金文字がいいでしょう。繰り出し式は、あまり感心しません。自分がご先祖さまの立場になって考えてみることです。

写真を祀ると、その人への執着になります。戒名というのは、新しい死後の人生を送るためのものです。それが、仏壇に写真を飾ったまま拝んでいると、せっかく死者が〝第二の生活〟を送ろうとしているのに、現世の側から足を引っ張ることになります。

もう一つは、死んだら現世と同じ格好はしていないということです。高齢で死んでも、あの世ではだいたい三十代から四十代の頃の姿に戻ります。つまり、その人にとっての全盛期に戻るのです。ですから、シワクチャのおじいちゃん・おばあちゃんのまま拝まれることをご先祖さまは好まれないのです。

ご先祖と感応しやすい人の前には、全盛期の姿で現れるとわかってもらえないので、死んだ時のままの格好で現れることもあるのですが、基本は全盛期の時の姿に戻ります。

神棚も仏壇も基本的な考え方はシンプルにするということです。ご本尊さまや仏像を祀っている場合、それが代々やってきたことなら、基本的にそのまま遵守すればよいでしょう。しかし、あまりいっぱいゴチャゴチャと祀っている場合は、整理整頓した方がよいのです。それについては、個別にカウンセリングでリサーチしないと一概にはいえません。お墓もそうですが、先祖累代之墓に全員入ってもらうのがいいのですが、個人墓で何百年も祀っていると、それはそれなりにミタマが入っているので、整理する場合は専門家の指導を仰ぐ必要が出てきます。

お坊さんが来た時にお掛け軸をかけていないとまずい場合などもあるでしょう。その場合はあえて口論しないで臨機応変に対応すればよいでしょう。基本を認識した上で、道理に従って一つひとつのことに対処することです。

Q．死んだ人の四十九日とか回忌はしっかりやった方がいいのでしょうか。

A．やった方がいいです。それぞれの回忌は霊界での大切な節目になります。ただし、大事なのは供養のしきたりよりも、「高い霊界へ上がるように」という報恩と感謝の気持ちで行うということです。そういう意味では、供養ではなく、感謝の祀りなのです。

菩提寺が近くにあったら、お坊さんをお呼びして供養していただくといいでしょう。でも遠くて呼ぶのがむずかしい場合は、ご先祖さまもそうした事情を理解してくださいます。

大事なのは、ご先祖さまとの日頃のお付き合いです。日頃何もやらないで、〇回忌だけ派手にやっても、やらないよりはいいにしても、ちょっと違うと思いませんか。先祖は、子孫である私たちがイキイキと生きることを、何よりも望んでいらっしゃいます。そして、ご先祖さまと温かい交流をすることを望んでいるのです。

Q．「〇〇家（累代）之墓」のほかに、個人の墓がいくつか、同じ敷地内にある場合があります。将来的にはお墓をまとめて、先祖累代之墓に入った方がいいのでしょうか。

A．個人墓でも長年祀っていると、そこの居心地がよくなっている霊もいます。将来的には一つにまとめた方がいいことはいいのですが、個別の先祖霊の意向を無視するのはよくありません。先祖も神仏以上に感情がありますから、ずっとそうなっていると、そこに執着します。そこで、今後、死んだ人はすべて先祖累代之墓に入ると考えると良いでしょう。

Q．お墓の傷みが激しくなった時はどうしたらよいでしょうか。

A．お墓の傷みが激しくなった時は、きちんとごあいさつをして、その旨を伝えてから建て替えることになります。特にお墓の修復や移転などはなかなか難しいものがありますから、本書の基本祭祀の趣旨をふまえて、専門家のアドバイスを受けて行うとよいでしょう。

ポイントは、仏壇やお墓は〝ご先祖さまの意向〟に従うようにするということです。神棚は神さまの意向に従います。判断の目安は、自分がご先祖さまだったら、自分が神さまだったらどう思うか、という点から、物事を見ていくことです。

Q．最近、「一期一会」とか、好きな言葉を墓石に入れる人もいますが、そういう墓はどうでしょうか。

A．当然、よくありません。散骨と同じで、その人の趣味や感性でやっているだけです。また、「南無阿弥陀仏」とか書いた墓もよくありません。南無阿弥陀仏は仏さまへの称名であって、先祖とは違います。あくまでも「○○家（累代）之墓」がよいのです。

Q．私の家系はとても複雑なのですが。

A．家系が複雑だったり、すでに祭祀している神棚、仏壇、お墓が複雑で、とても基本通りにいかないという場合は、専門家に相談してください。複雑な家系の場合は個人的なカウンセリングの中で、より良い祭祀を見い出していくことになります。

この章で説明しているのは、基本の原則であり、現実はその通りにいかない場合も多いことでしょう。まずは「現状の把握」が大切です。そして、段階的に徐々に改善していくことを考えるとよいでしょう。

親族の理解を得られないまま、無理やり変えるのはよくありません。お祀りは家族の調和になるために行うことなのに、家庭争議になったら、何の意味もありません。それが良いことだとわかっていても、現実的対応策として戦略を考え、スムーズにできるようにしていくことです。実際、私のカウンセリングでも複雑な場合は、〝折り合いをつけていく〟感じの指導になります。また、現在は変更できないので、世代が変わった時に行うことで、ご先祖さまに了承していただく場合もあります。

ただ、知らないことには改善もできませんから、まず、本書での開運する祭祀法を理解しておくことです。そして実際の改善は、私やその道の専門家と相談しながら、行ってください。ただし、本書に述べている基本内容と著しく違うことをいう専門家の場合は当然、相談しない方がいいでしょう。祭祀も要は、「天地自然の理」に沿ったものにするということです。すべてを、天地自然の道理で考え、判断していく習慣をつけていきましょう。

また、基本はどんな人も「〇〇家（累代）之墓」に入るのがベストですが、それができない時には、それに近い形にすることです。ベスト、ベター、グッドという順番にします。入れない場合は、「こういう事情で、入れないので」と先祖に説明します。要は、できる範囲で少しでも基本ラインに近づけるということです。

Q．「うぶすな」と仏壇やお墓の祭祀はどう考えればよいですか。

A．産土信仰をきちんとやった上で、先祖の祀りもより良くしていくことです。産土信仰とセットで考えず、仏壇・お墓のみを単独で考えていくと問題が多くて、難しいのです。大切なことは、その奥の産土信仰をベースにすることです。人間を木でたとえると、根が先祖で、土の部分が産土の世界だという話をしました。先祖の問題を、根の部分だけでなんとかしようというのはムリなのです。

園芸では、いい土であることが、植物が育つ基本条件になります。同様に、土の部分の「うぶすな」の世界がきちんとしていて、いい土であれば、根に元気が出て、しっかりと伸びてきます。前世や先祖のことをもっともわかっており、その担当である「うぶすな」の神仏の御力をしっかりいただいてから、先祖の祭祀の改善をしていくということです。

私の天命カウンセリングでもまずは「うぶすな」から始め、ある程度たって、その人が神仏のバックアップをしっかり受けるようになってから、ご先祖さまのお墓の相談を受けることにしています。ですから、本書でも最初に「うぶすな」の話をした後に、先祖の話をしているわけです。あの世（幽）が乱れると、見える世界（顕）も乱れてきます。祭祀がゴチャゴチャになって乱れているから、日本も混迷しているのです。「うぶすな」をふまえて、祭祀を一つひとつきちんとしていきましょう。

二十一世紀は「幽顕調和の祭祀」の時代への意識革命が必要

今までお話ししたことは、現時点での有り様です。もちろん、現状はなかなか厳しいものがありますが、とにかく本書に示した基本に少しでも近づけていくことです。子孫の感謝の気持ちと行動が先祖を動かし、それが開運へとつながっていくのです。

お墓はそういう面では、まだ問題点が多くありますが、だんだん変えていくということです。現在、地獄の方が満員御礼（？）で、上の方が少ないというアンバランスな状態になっています。そこで、調和されていくようにしていく必要があります。

私が本書で勧めている自神拝、自分の中の一霊四魂を拝むことで、だんだんと霊界の様相が変わっていきます。一霊四魂が光輝いていると、死んでから霊界の〝構造改革〟を行うことができるのです。

昔のお墓の祭祀法はベストではないけれど、まずはこれに従った上でやっていくことです。自神拝や産土信仰の普及によって、日本民族の集合的魄が変化してくると、おのずと祭祀の有り様も変わっていくでしょう。皆さんも生きているうちに産土信仰をやっておくと、死んでから一霊四魂の力が光となって、霊界に光を放って、徐々に霊界を変革させることができます。また、変革してほしいというのが、神仏の願いなのです。

二十一世紀は地球の変革の時代です。何万年もかかって今のようになったので、そういう意味では今から数百年かけて、一人ひとりの力で変えていくことです。人間の意識が変わらないのに、宇宙葬だ、散骨だといって、やり方だけ変えても意味がありません。集合的魄、日本民族また人類の考え方の意識が変わっていくことによって、大きく祭祀の質が変わっていきます。

人間は死んだら神仏の世界にそのまま移行するのが本来の姿なのです。神代の時代は神仏と直接交流して、死んだら神さまの世界へ行きました。それがベストです。

皆さんも本書を参考にして、生きている時は天命を行い、死んでからはあの世を変革する人になっていただけるとたいへんうれしく思います。そうすることで日本民族、また人類の祭祀の有り様ももっとシンプルで、もっと明るい交流ができるようになっていくでしょう。

先祖のほとんどが高級守護先祖霊団となって、子孫である私たちを護ってくださるのがベストです。宇宙のシステムは本来善循環のシステムになっているのですが、現状では、それがうまく機能していないのです。だから、心ならずも子孫の足を引っ張る先祖がいたりするわけです。当分は、今までの伝統的なものを尊重した祭祀を行っていくことです。だんだん質が変わってくると、お墓がご先祖さまと明るく交流できる場所となり、仏壇も死後の先祖霊団の交流の場に変わっていくでしょう。

自分自身の一霊四魂は先祖、神仏、そして人類、地球につながっています。皆さんが普段から自神拝をやることで、自分の一霊四魂が光輝き、さらに集合的魄が光に変わっていきます。

そうすることによって日本も変わってくるし、人類の紛争、闘争、環境悪化の時代から、新しい調和の穏やかな時代になっていきます。人類の意識が変わって初めて、祭祀の形が変わってきます。

二十一世紀はそういう意味では、幽顕調和の祭祀の時代への意識革命という時期に、人類自体がさしかかっているということです。

おわりに――すべてを活かす「陰陽調和の心」

万物にはすべて陰陽があります。天と地、太陽と月、神と仏、神仏と人間、動物と植物、大自然と人間、北極と南極、東洋と西洋、男性と女性、表と裏などすべて陰陽で構成されています。陰陽が対等な立場で、調和のエネルギー運動を起こすと、その中心に調和された〝太一《たいっ》〟が生まれ、新たな段階へとスパイラルアップします。

調和とはヤジロベーのようにバランスをとることではなく、陰陽それぞれが本来の働きをして、お互いを認めあい、協力することで、新しいものを生み出すことです。人間で例えますと、男女の愛から、子どもが生まれるということです。

陰陽調和とは、万物が生成化育、向上・発展するための宇宙の大いなる法則です。本来は向上の循環システムになっているのです。

ところが、私たち人間は、さまざまな事柄が本来、陰陽であるのに、それを優劣でとらえたり、自分の都合が良いものを「善」、都合の悪いものを「悪」とみなす傾向があります。争いや戦争もすべて、この視点から起きています。陰陽関係を善悪関係にしてしまい、その善悪のはざまで悩み苦しんでいます。

家庭において、夫婦がそれぞれの役割で陰陽調和し、親子関係も陰陽調和という視点で家族関係を見直すことです。家族では、〝父を頭に、母を中心にする〟ことが円満の秘訣です。会社においても、社長と社員が陰陽調和することで、会社の発展というスパイラルアップが起きます。世間と会社も同様です。

昔の近江商人の格言に、次のような言葉があります。

「相手良し、自分良し、世間良し」

これは取引先も儲かり、自分も儲かり、世間からも喜ばれることが、商いの基本だといっているのです。「陰陽調和の心」はすべてを活かす心です。陰陽調和させようとすると、一石二鳥、さらに一石数鳥になってきます。すべての事柄を陰と陽としてとらえ、それを調和させようと思ってみてください。そうすることで、あなたの人生がスパイラルアップします。

私が主宰する「まほろば研究会」は、「陰陽調和された地球、美しい大自然、地球人類の平和」という大きな目標に向かって、各自が自分の天命（人生の目的、志ある生き甲斐）を歩み、自分の得意分野において、地球が本来の大自然豊かな、美しい光の星になる活動を行うことを目的にしています。

陰陽調和された地球とは、地球に関わるすべての存在が陰陽調和していくことで、新たな地球と人類になっていくということです。宇宙船地球号の方向性は〝陰陽調和〟だと確信しています。

地球や社会に調和をもたらそうと〝志〟をもって活動していると、それが生き甲斐になります。人間の志に比例して、神仏の守護が大きくなってきます。天命と神仏の守護も陰陽関係になっており、〝自力と他力〟の陰陽調和によって、新たな時代が生まれてきます。

美しい大自然と地球人類の平和も陰陽です。エコロジー運動と平和運動の調和、精神世界と現実的活動の調和が大切です。いままではそれをバラバラに行っていたので、それぞれの成果がうまくあがらなかったのです。それらを調和させていくキーワードが「うぶすな」になります。

陰陽を調和させる〝積極的運動〟を、古神道では〝産霊《むすび》〟といいます。その土地において、〝産霊〟をつかさどる存在が「うぶすな」です。

「大自然良し、人類良し、地球良し」

これが「うぶすな」の世界です。私は〝大自然即ち神仏〟をモットーに、その第一歩として、心のよりどころとしての陰陽調和された産土《うぶすな》信仰を提唱しています。わが内なる〝心の森〟を育て、グランディング（大地にしっかり根を張る）をすることで、天の偉大な力をいただくということです。

最後に私の活動に賛同・協力してくださっているまほろば研究会の皆さん、出版の機会を与えてくださった（株）たま出版の韮澤潤一郎社長、編集の高橋清貴さんに深く感謝いたします。

おかげ様で、ありがとうございます。宇宙の大いなる意志、大調和に基づく天命もちて、とってもありがたいわが人生のいやますますのご開運をお祈り申し上げます

陰陽調和された地球になりますように。美しい大自然でありますように。わが内なる心が平和でありますように。わが内なる心が陰陽調和されますように

宇宙の大いなる意志、大調和に基づく天命もちて、地球人類が平和になりますように

平成十四年八月吉日

山田　雅晴

◎参考文献

参考にさせていただいた書籍の著者・編者の皆さまに深く感謝いたします。

『古事記』倉野憲司校注（岩波文庫）
『日本書紀』坂本太郎・家永三郎・井上光貞・大野晋校注（岩波文庫）
『産須那社古伝抄広義』六人部《むとべ》是香《これよし》著
『神道大辞典』宮地直一・佐伯有義監修（臨川書店）
『神道辞典』安津素彦・梅田義彦監修（堀書店）
『梵字事典』中村瑞隆・石村喜英・三共健容編著（雄山閣）
『シュタイナーのカルマ論』ルドルフ・シュタイナー著、近藤巌訳（春秋社）
『だまってすわれば――観相師・水野南北』神坂次郎著（新潮文庫）
『本田親徳全集』鈴木重道編（八幡書店）
『近代日本霊異実録』笠井鎮夫著（山雅房）
『密教ヨーガ』本山博著（宗教心理出版）
『現代訳　南北相法』水野南北著・天保書院蔵（緑書房）
『神道気学宝典』山本行隆著（たま出版）
『ブッダのことば』中村元訳（岩波文庫）

◎本書の内容についての電話や手紙での質問はお受けできません。内容については講座等で、ご質問ください。

◎著者は「まほろば研究会」(無料の会員登録制)を主宰しています。開運し、豊かになる方法を学習する私塾であり、友好ネットワークです。本人が天命(人生の目的)を歩み、心と人生を豊かにするための「生涯学習の場」を提供します。

◎著者は「東京都板橋区成増」において、開運カウンセリング、開運カウンセラー養成クラス、三世(前世・現世・来世)のご開運講座、産土インストラクター講座、神道フーチ開運法クラス、神道易クラスを行っています。また、本書で紹介している産土神社や鎮守神社の通信リサーチも行っています。開運カウンセリングや通信リサーチ、講座に関心のある方は、左記に資料請求してください。

有限会社　メンタルサイエンス
TEL　03－5997－1015（月曜定休・午前九時半〜午後六時受付）
FAX　03－3939－9770
ホームページ　山田雅晴公式サイト
http://www.yamada-masaharu.co.jp/

〈著者紹介〉

山田 雅晴（やまだ まさはる）

開運カウンセラー協会代表。昭和32年生まれ、(有) メンタルサイエンス代表取締役。広島大学教育学部卒。

また、長年の古神道秘伝行法や気功、ヨーガの実践指導に加え、平成10年以来、連続的に大いなる神秘体験が起こる。特に翌11年、自分の本体神である直《なお》霊《ひ》の大神（スーパー・ハイアー・セルフ）と合体し、すべての内容が超バージョンアップする。

開運カウンセリング、開運人間学講座、開運カウンセラー養成クラス、産土インストラクター養成講座、特別セッションなどを行っている。さらに、まほろば研究会の代表として、鎮守の森、神社、大自然の聖地のヨミガエリ活動を展開中。

著書に『秘伝公開！　神社仏閣開運法』『超カンタン神社ヒーリング』『バージョンアップ版神社ヒーリング』『神々の聖地』『超カンタン神仏開運ヒーリング』『太陽の神人・黒住宗忠』(以上、たま出版)、『バージョンアップ版古神道の行法と科学』(BABジャパン)、『時霊からの警鐘』『光の東京大結界』(共にコボリ出版)、『足し算思考＆かけ算思考であなたの人生は変わる！』(メタモル出版) ほか多数。

決定版・神社開運法

2002年 11月15日　初版第 1 刷発行
2011年 3 月15日　初版第 7 刷発行

著　者　山田 雅晴
発行者　韮澤 潤一郎
発行所　株式会社 たま出版
〒160-0004　東京都新宿区四谷4-28-20
☎ 03-5369-3051（代表）
http://www.tamabook.com
振替　00130-5-94804
印刷所　東洋経済印刷株式会社

ISBN987-4-8127-0161-4 C0011